kosmos Naturführer

5,-

Naturspaziergang
Wiese

Weitere Bände:

**Naturspaziergang Wald
Naturspaziergang Am Wasser**

Kosmos
Gesellschaft der
Naturfreunde
Franckh'sche Verlagshandlung
Stuttgart

Bruno P. Kremer

Naturspaziergang
Wiese

Beobachten – Erleben – Verstehen

Umschlag von Kaselow-Design, München, unter Verwendung einer Aufnahme von Reinhard-Tierfoto.

Das Bild auf den Seiten 2 und 3 zeigt ein Wiesental im Frühling, das Bild auf Seite 4 eine Hahnenfußwiese mit Kuckucks-Lichtnelken.

Franckh'sche Verlagshandlung, W. Keller & Co., Stuttgart / 1990 Das Werk einschließlich aller seiner Teile ist urheberrechtlich geschützt. Jede Verwertung außerhalb der engen Grenzen des Urheberrechtgesetzes ist ohne Zustimmung des Verlages unzulässig und strafbar. Das gilt insbesondere für Vervielfältigungen, Übersetzungen, Mikroverfilmungen und die Einspeicherung und Verarbeitung in elektronischen Systemen.
© 1990, Franckh'sche Verlagshandlung, W. Keller & Co., Stuttgart
ISBN 3-440-06025-X
Lektorat: Rainer Gerstle
Herstellung: Lilo Pabel
Printed in Germany / Imprimé en Allemagne
Satz: G. Müller, Heilbronn
Reproduktion: G. Schmid, Stuttgart
Druck und Buchbinder: Mohndruck, Gütersloh

124 Farbfotos von T. Angermayer (S. 25), S. Dierßen (S. 16), E. Elfner/ T. Angermayer (S. 2/3), R. Fiebrandt (S. 102/103), H. Fürst (S. 19 M, 26 l), H. Fürst/D. Stahl (S. 90), R. Haselberger/T. Angermayer (S. 69), A. Klees (S. 21 Mr, 96 l, 101 u), B. P. Kremer (S. 12, 18 ul, 26 r, 37, 38, 53, 54 o, 56 r, 63, 71, 72, 89, 91, 101 o, 106, 109, 110, 111, 119 r, 120, 121), R. König (S. 39 o, 54 u, 97), H. E. Laux (S. 18 or, ur, 19 ol, 55 u), W. Layer (S. 98), A. Limbrunner (S. 11, 20 Ml, 20 ul, 21 Ml, 35, 76, 77, 80, 86/87, 115), T. Marktanner (29 l, 49 r, 56 l, 59 l), D. Nill (S. 19 or, 20 ol, 21 or), H. Pfletschinger/T. Angermayer (S. 19 ur, 41, 42, 43, 45 ol, 49 l, 55 o, 78, 81, 82, 83, 85, 94, 95), H. Presser (S. 18 ol), P. Pretscher (S. 4, 19 u, 45 or, 118, 123), G. Quedens (S. 20 ur), Reinhard-Tierfoto (Vorsatz, S. 7, 9, 20 or, 22/23, 29 r, 79 o, 88, 104, 105, 107), F. Sauer (S. 57), E. Schmidt (S. 96 r), P. Schönfelder (S. 108), H. Schrempp (S. 68, 119 l), W. Schubert (S. 99), K. Schwammberger (S. 84), K. Seeger (S. 50/51), F. Siedel (S. 27), G. Synatzschke (S. 21 ol, 100), J. Weber (S. 21 ur), K. Wernicke (S. 113, 114), P. Zeininger (S. 33, 39 u, 59 r, 79 u), G. Ziesler/T. Angermayer (S. 21 ul) sowie einer SW-Zeichnung von B. P. Kremer, 20 farbigen Gräserzeichnungen von Reinhild Hofmann und 6 doppelseitigen Farbzeichnungen von Marianne Golte-Bechtle (S. 74/75, 92/93, 116/117) und Ulrike Müller (S. 30/31, 46/47, 60/61)

CIP-Titelaufnahme der Deutschen Bibliothek
Kremer, Bruno P.:
Naturspaziergang Wiese : Beobachten – Erleben – Verstehen / Bruno P. Kremer. – Stuttgart : Franckh, 1990
   (Kosmos-Naturführer)
   ISBN 3-440-06025-X

Naturspaziergang Wiese

Erlebnisraum Wiese

Wenn Sie gleich jetzt die Wahl hätten, einen Spaziergang zu unternehmen, wo würden Sie wohl am liebsten loswandern? Sicherlich nicht im finsteren Fichtenforst, wahrscheinlich auch nicht zwischen horizontweiten Maisäckern und schon gar nicht an einer lärmenden Landstraße. Eine sympathische Mittelgebirgslandschaft dürfte es eventuell schon sein, mit baumgesäumter Bachaue, strauchreichen Heckenzeilen, vielfältiger Feldmark und – Wegen durch Wiesen. Zweifellos können auch Waldwanderungen sehr erholsam und anregend sein. Aber im geschlossenen Hochwald fehlt doch meist der Blickbezug zur freien Landschaft.

In der offenen Flur ist das alles völlig anders. Täler und Höhen, Ebenen, Mulden und Hügelketten breiten sich vor unseren Augen aus und lassen Landschaft im Zusammenhang erleben. Wiesen, Felder und Gebüsche, dazu auch Bäche, Tümpel und Weiher, eingestreute Dörfer und Einzelhöfe, kurz, alles was wir Kulturland nennen, gilt als besonders beliebte und erlebenswerte Landschaft. Über Heide und Moor, Wald und Wasser gibt es jede Menge Gedichte, Geschichten und Erzählungen. Das offene Kulturland aber ist in der Dichtung offenbar übersehen worden. Vielleicht ist es in seinen besonderen Werten allzu spät entdeckt worden – zu einem Zeitpunkt, wo kleinräumige Kulturlandschaft fast flächig zur weiträumigen Industrielandschaft verkam.

Was kann man im Wiesenland nicht alles erleben und erfahren. Eine richtige Wiese ist ja schließlich mehr als eine Ansammlung schnurgerader Grashalme. Wiesen, ob etwas feucht oder sehr trocken, sind artenreiche Vereine mit Pflanzen und Tieren. Zum jahreszeitlich wechselnden Blütenschmuck der Wiese gehört ganz einfach auch die farbige Vielfalt der Wiesenfalter, das Gewimmel von bunten Käfern, pelzigen Hummeln, emsigen Wollschwebern, Schwebfliegen und Bienen. Die Wiese ist Brutraum für Wiesenvögel, Futterreserve für die Säugetiere aus dem angrenzenden Waldstück und Jagdrevier von Bussard, Falken und Eulen. Wiese kann man sehen, riechen und hören – als kunterbunte Farbpalette, süßen Heu- und Honigduft oder Wettgesang von Grillen und Grashüpfern. Wenn man es recht bedenkt, kommt die Wiese der Vorstellung vom Paradies doch schon ziemlich nahe.

Die Wirklichkeit sieht mitunter ganz anders aus. Grünland ist landwirtschaftlicher Produktionsraum, auf dem mit reichlich Gift und Gülle Überschüsse erwirtschaftet werden, die eigentlich gar nicht benötigt werden. Im intensiv bewirtschafteten Land hat die Landschaftsästhetik keinen Stellenwert. Entsprechend einförmig sehen die Fluren häufig aus. Keine Rede mehr von Erholungsraum, Sozialfunktion, Regenerationsgebiet für Trinkwasser oder Biotopgefüge für umfangreiche Artenspektren.

Aber noch gibt es sie ja, die Feuchtwiese im norddeutschen Niederungsland, den Trockenrasen im Mittelgebirgsgürtel oder die blumige Futterwiese im höheren Bergland. Wir müssen sie genießen, solange diese reichen Lebensräume noch vorhanden sind, und Sorge tragen, daß sie in der verarmten Agrarlandschaft nicht noch weiter abnehmen.

Formen und Farben in Fülle: Natur-
erlebnis Blumenwiese.

Die facettenreiche Lebensgemeinschaft Wiese in allen ihren
Erscheinungsformen bietet vieles
für Auge und Ohr, für Hirn und
für Herz, und dies gewiß auch zu
allen Jahreszeiten. Aber sie er-
schließt sich vielleicht nicht
immer von selbst. Aus diesem
Grund wurden im vorliegenden
Buch – beginnend mit dem Frühjahr – zahlreiche Wiesenspazier-
gänge zusammengestellt, die jeweils ein besonderes Schwer-
punktthema aus der Wiesenöko-
logie in den Vordergrund rücken.
Erlebnisraum sind dabei Wiesen
und Weiden, wie man sie überall
im mitteleuropäischen Kulturland antrifft. Nur ganz spezielle
Wiesentypen wurden ausgeklam-
mert.

Der ‚Naturspaziergang Wiese' ist
somit kein eigentliches Bestimmungsbuch, das Artenkenntnis
oder Arteninventare vermittelt.
Vielmehr geht es bei den einzelnen Wiesenspaziergängen ganz
wesentlich um Beobachten, Erleben, Sehen und Verstehen.
Dieses Buch möchte Sie auf bemerkenswerte Abläufe, Besonderheiten und Zusammenhänge
aus der Pflanzen- und Tierwelt
der Wiesen aufmerksam machen
und Anregungen geben, was es
vom Frühling bis in den Winter
an aktuellen oder übergreifenden
Entwicklungen oder Geschehnis-
sen zu beachten gilt.
Entdecken Sie im Wechsel der
Jahreszeiten, was in den Wiesen
vorgeht, was die Einzelvorgänge
bedeuten und wie sie im natürli-
chen Gesamtzusammenhang ein-
zuordnen sind.

7

Wie der Wald zur Wiese wurde

Vor etwa 10 000 Jahren ging in Mitteleuropa die (vorerst) letzte Eiszeit zu Ende. Die Gletscher konnten abschmelzen, und mit der nacheiszeitlichen Erwärmung wanderten die zuvor verdrängten Pflanzen und Tiere aus den südost- beziehungsweise südwesteuropäischen Rückzugsgebieten wieder in ihr ehemaliges Verbreitungsgebiet Mitteleuropa ein, soweit sie nicht durch den Klimastreß ausgerottet worden waren. Über mehrere Zwischenschritte mit durchaus wechselnder Klimatönung wandelte sich das eiszeitlich überformte Mitteleuropa allmählich wieder zum Waldland. Nur an wenigen Stellen hatte der Wald keine Chance, etwa an Felsflanken mit extrem flachgründigem Boden, in Nieder- und Hochmooren, in mechanisch sehr stark beanspruchten Überschwemmungsauen und Fluträumen der großen Ströme und natürlich auch in den Höhenlagen oberhalb der klimatischen Baumgrenze.

Etwa im sechsten vorchristlichen Jahrtausend ereignete sich auch in Mitteleuropa ein folgenschwerer wirtschaftlich-sozialer Umbruch, der Übergang von der rein aneignenden Daseinssicherung der Jäger und Sammler zur planmäßigen nahrungsmittelproduzierenden Wirtschaftsform. Die damit einhergehende Seßhaftigkeit mit gemischter Landbewirtschaftung durch Feldbestellung und Tierhaltung brachte gleichzeitig die ersten gravierenden Eingriffe in die natürliche Umwelt: Als neue Lebensform breitete sich in Mitteleuropa das Bauerntum aus. Archäologisch ist diese Zeit anhand ihrer Bandkeramik faßbar, so benannt nach den kennzeichnenden Verzierungen ihrer Keramikgefäße. Botanisch fällt in diese Zeit vor rund 8000 Jahren die erste auf größeren Flächen betriebene Auflichtung des Waldes zugunsten von Kulturland.

Zunächst wurden für die Siedlungen größere Lichtungen in die Wälder geschlagen, wobei gleichzeitig Baumaterial für die Häuser gewonnen wurde. In der Niederrheinischen Bucht ist durch Grabung ein bandkeramisches Dorf mit etwa 160 Holzpfostenhäusern festgestellt worden, das sich über rund zwei Kilometer Länge an einem Bachlauf erstreckte. Brandrodung stellte die notwendigen Freiflächen für den Anbau von Nutzpflanzen (Einkorn, Emmer, Gerste, Erbse, Linse, Lein oder Ölmohn) zur Verfügung. Gleichzeitig stand das Vieh der jungsteinzeitlichen Bauern ganzjährig in der Umgebung der Dörfer im Wald oder auf den brachgefallenen Anbauflächen. Durch Eichel- und Bucheckernmast, Wegfraß von Sämlingen oder Jungwuchs und auch durch die Entnahme von Laubheu, wozu Äste und Zweige abgeschnitten wurden, lichtete sich der Wald immer mehr auf – sein natürliches Regenerationspotential wurde bei dieser Form der Nutzung überbeansprucht.

Wo anhaltend Waldweide betrieben wurde, wandelte sich der Wald über parkähnliche Zwischenstadien allmählich zu offenen und weitgehend gehölzfreien Triften oder Hutungen. Mit der Beweidung nahm der Holzvorrat mit dem Holzertrag ab, während die Bodenerosion und der Nährstoffaustrag mit dem Futtergewinn zunahmen. Waldweide verändert somit nicht allein das Vegetationsbild, sondern auch den

8

Die heutige Wiese ist ein ehemaliger Waldstandort.

Boden und seine Ertragsfähigkeit. Mit der Umstellung auf die Landwirtschaft schuf der Mensch aus der Naturlandschaft die Kulturlandschaft. Wirtschafts- und siedlungsbedingt entstanden bei diesem Prozeß völlig neue und dabei auch vergleichsweise großflächige Lebensraumtypen, die nachfolgend ziemlich rasch von den entsprechenden Lebensgemeinschaften besetzt wurden. Äcker, Felder, Weiden und Triften sind die zunächst sicherlich auffälligsten Gefüge, über die die Naturlandschaft in Kulturland umgewandelt wurde.

Im Ergebnis bestand die Kulturlandschaft aus kleinen, mehr oder weniger zusammenhängenden Flurstücken von Acker- und Grünland in stetigem Wechsel mit Saum- und Inselbiotopen von gänzlich anderem ökologischem Faktorenprofil – ein Gefüge, das seinerseits wertvolle Lebensstätten bieten kann, aber auch Korridore für den Austausch und die Verbreitung von Einzelarten bildet.

Wiesen sind erst eine verhältnismäßig späte Erscheinung. Sie wurden aus ehemaligem Weideland entwickelt, nachdem die Bauern dazu übergingen, die Pflanzen zur Gewinnung von Trockenfutter oder Stalleinstreu zu mähen. Die Anfänge dieser Nutzungsform lassen sich bis in die Bronzezeit zurückverfolgen. Die meisten der heutigen Wiesen dürften jedoch erst vor weniger als tausend Jahren entstanden sein.

9

Wiese – Weide – Wirtschaftsgrünland

Die aus Wäldern hervorgegangenen Weiden sind Pflanzengesellschaften, die ausschließlich für die Direkternährung von Weidetieren genutzt werden.

In der vorindustriellen Landwirtschaft kannte man nur eine extensive Betriebsform: Die Hutungen oder Allmenden, die von allen Dorfbewohnern gemeinsam genutzt wurden und im Besitz der Gemeinde blieben, waren relativ groß bemessen, so daß die Weidetiere viel mehr Futter vorfanden, als sie tatsächlich benötigten. Folglich konnten sie sich die schmackhaftesten Pflanzen(teile) aussuchen. Umgekehrt konnten sich dabei auch etliche Pflanzen erst richtig ausbreiten, die einerseits offene Standorte bevorzugen und außerdem durch besondere Merkmale (Stachelbesatz, Verdornungen, unangenehme Geschmacksstoffe, Hartlaubigkeit, Strohigkeit) nicht verbissen werden. Wacholder, Schlehdorn, Disteln, Hahnenfuß- und Wolfsmilch-Arten oder Binsen und Seggen sind gegen Verbiß allesamt gut geschützt. Auf den traditionellen Triftweiden waren sie daher häufig vertreten und nahmen mitunter sogar überhand.

Um die Futterpflanzen besser zu nutzen, den Verbiß an Kulturpflanzen der bestellten Äcker einzudämmen und das Aufkommen unerwünschter, verbißfester Arten zu unterdrücken, wurden später eingefriedete Weideflächen eingerichtet. Lesesteinwälle, Bretter- oder Stangenzäune, Hekken oder Gräben hielten das Vieh aus der übrigen Feldmark heraus und in dichterem Besatz auf einer kleineren Fläche. Die Tiere blieben gewöhnlich vom Frühjahr bis in den Herbst auf dieser Standweide. Nicht weidegeeignete Fremdarten hatten bei dieser Betriebsform immer noch recht gute Chancen. So siedelten sich auf den vom Vieh gemiedenen Kotflächen Brennesseln, Ampfer-Arten oder Disteln an. Andererseits blieben der Standweide durch die Ausscheidungen der Tiere organische und mineralisierbare Nährstoffe erhalten. Nur die mit der Milch oder dem Fleisch dem System entzogenen Nährstoffe mußten auf Dauer wieder ausgeglichen werden.

Eine sehr gleichmäßige Nutzung bietet die moderne Umtriebs- oder Rotations-Mähweide. Dabei wird das verfügbare Grünland in etwa ein Dutzend gleich großer Parzellen unterteilt. Jede dieser Koppeln wird vom gesamten Viehbestand zur gleichen Zeit begangen, während sich die nicht beweideten Teilflächen wochenlang erholen können. Um unerwünschte Weidekräuter vollends auszuschalten, kann sogar in regelmäßigen Abständen gemäht werden. Die Nutzung der Pflanzen ist ausgesprochen rationell. Unter dem gemeinsamen Regime von Beweidung und Mahd können sich jedoch nur ganz wenige Arten, vor allem natürlich die Gräser und dazu noch einige Schmetterlingsblütengewächse durchsetzen.

Betrachten wir die zweite wichtige Form der Grünlandnutzung. Zwischen einer Weide und einer Wiese liegen eigentlich Welten. Richtige Wiesen entstehen bei reinem Mähbetrieb. Sie dienen der Ernte von Heu oder Stallstreu. Trotz ihres vergleichsweise jungen Alters in der Kulturlandschaft hat der besondere Bewirtschaftungsrhythmus im Wiesengelände eine Artenkombination zusammengeführt, die sich durch

Artenreiche Wirtschaftswiese. Der richtige Rhythmus fördert die Vielfalt.

zahlreiche Charakterarten auszeichnet und sich damit fast so verhält wie eine natürliche Pflanzengemeinschaft. Eine Einzelauslese wie bei der Beweidung, die verbißfeste Arten begünstigt, gibt es auf der Wiese nicht. Wenn die Schneiden von Sichel oder Sense, Balken- oder Kreiselmäher das Mähgut erfassen und niederlegen, haben alle betroffenen Pflanzen zumindest theoretisch die gleichen Startbedingungen für einen Wiederbeginn, soweit sie ihre verlorenen Teile tatsächlich wieder vollwertig ersetzen können. Die Mahd selektiert also ziemlich einheitlich auf der gesamten Fläche, ohne punktuelle Bevorzugung wie bei der Beweidung. Der mutmaßlich älteste Wiesentyp sind die Streuwiesen in nassen Niederungen, die für die Weidewirtschaft ausscheiden, weil das Vieh sie verschmäht. Die Bestände wurden im allgemeinen nur einmal und dann möglichst spät im Jahr geschnitten, wenn die Pflanzen bereits ziemlich strohig geworden waren und als Stalleinstreu taugten. Normalerweise sind solche einschürigen Streuwiesen sehr artenreich, weil alle Pflanzen Gelegenheit hatten, auszureifen und ihre Samen auszuwerfen. Eine Futterwiese wird dagegen immer im grünen oder blühenden Stadium gemäht, da sie ja proteinreiche Tiernahrung liefern soll. Schnittreif ist sie, wenn die hochwüchsigen Obergräser gerade mit der Blüte beginnen, gewöhnlich also etwa Ende Mai oder Anfang Juni. Da die Vegetationsperiode aber noch wochenlang andauert, können sich die re-

11

generationsfähigen Wiesenpflanzen rasch erholen, so daß etwa Mitte August eine zweite Mahd möglich ist. Futterwiesen werden daher in der Regel zweischürig genutzt. Da mit jeder Heuernte jede Menge mineralischer Nährstoffe aus der Lebensgemeinschaft entnommen werden, wird die Futterwiese zur weiteren Ertragssicherung alsbald von einer regelmäßigen Düngung abhängig. Solche aufgedüngten Wiesen werden als Fettwiesen bezeichnet.

Bis zur Vereinheitlichung der Grünlandwirtschaft vor etwa zwei Jahrzehnten zeichneten sich in der Bundesrepublik Deutschland klare regionale Unterschiede im Anteil von Wiesen oder Weiden an der landwirtschaftlichen Nutzfläche ab. Im kontinental getönten Klima mit heißeren, trockenen Sommern, relativ niedriger

Blütenreich, aber relativ artenarm: Gelbe Blühwelle mit Scharfem Hahnenfuß (*Ranunculus acris*).

Luftfeuchtigkeit und langen, meist kalten Wintern ist eine ganzjährige Weidehaltung nicht möglich. Für längere Zeit des Jahres muß dem aufgestallten Vieh Futter bereitgestellt werden, und dies setzt eben einen größeren Flächenanteil der Wiesenwirtschaft voraus: In Südwestdeutschland und auch im Alpenvorland beträgt der Wiesenanteil an der Gesamtnutzfläche meist über 50 Prozent. Umgekehrt liegt der Schwerpunkt des Weidebetriebs eindeutig im ozeanisch beeinflußten, wintermilden Nordwesten der Bundesrepublik mit einem Weide-Anteil von über 40 Prozent.

12

Thema mit Variationen

Außer dem Grünland, wie in der Sprache der Landwirtschaft die regelmäßig beernteten und gedüngten Graslandereien bezeichnet werden, umfaßt die Pflanzenformation Grasflur in Mitteleuropa auch noch eine ganze Reihe weiterer Pflanzengesellschaften. Zu nennen wären hier die als Magerrasen bezeichneten Gesellschaften trockener und nährstoffarmer Standorte, die nach landwirtschaftlichen Maßstäben eher als Öd- oder Unland eingestuft würden. Pflanzensoziologisch bilden die verschiedenen Grasfluren mit ihrer beachtlichen standörtlichen Bandbreite von staunaß bis extrem trocken, von saurem Substrat bis zum Kalkmergelverwitterungsboden oder von wenig beeinflußt („natürlich") bis naturfern (anthropogen) ein ungemein facettenreiches Gefüge mit vielerlei regionalen Abwandlungen. Die folgende Übersicht vermittelt mit ihrer Benennung der übergeordneten pflanzensoziologischen Einheiten (Verbände) daher wohl eher einen Eindruck der Vielgestaltigkeit als eine komplette Zusammenschau. Für die einzelnen Gruppierungen sind jeweils einige bemerkenswerte Kennarten K angegeben, die aber nicht in jedem Einzelfall auch tatsächlich vorkommen müssen.

Feucht-, Naß- und Streuwiesen

Sumpfdotterblumen-Naßwiese
Nährstoffreiche Wirtschaftswiese auf staunassem Untergrund, mitunter Ersatzgesellschaft von Auen- und Erlenbruchwäldern oder auch aus Großseggenriedern, Niedermooren und verschiedenen Verlandungsgesellschaften durch Entwässerung/Drainage hervorgegangen. Von der Ebene bis in die Bergregion.
K Sumpf-Hornklee, Sumpfdotterblume, Schlangen-Knöterich, Wald-Simse, Wasser-Kreuzkraut, Kohl-Kratzdistel, Sumpf-Pippau

Mädesüß-Pestwurz-Staudenflur
Staudenflur auf nährstoffreichen Auenböden entlang von Bächen und Flüssen, auch hochwasserbeeinflußte Pioniergesellschaft am Rand der Fließgewässer ohne nennenswerten Baumwuchs. Von der Ebene bis ins Bergland.
K Zottiges Weidenröschen, Sumpf-Storchschnabel, Sumpf-Ziest, Echter Baldrian, Blut-Weiderich, Mädesüß, Gemeine Pestwurz, Flügel-Johanniskraut

Pfeifengraswiesen
Verband mit mehreren Pflanzengesellschaften der Streuwiesen auf stark wechselfeuchten Böden von Auenlandschaften. Voller Blütenflor bei einschüriger Nutzung im Herbst. Von der Ebene bis ins Bergland.
K Teufelsabbiß, Färberscharte, Sibirische Schwertlilie, Pracht-Nelke, Weidenblättriger Alant, Knollige Kratzdistel, Gelbe Wiesenraute

Fettweiden und Fettwiesen

Fettweiden
Als Weidelgrasweide sehr ertragreiche Intensivweide in der Ebene und Hügelregion, vor allem im Nordwesten mit milden Wintern und feuchten Sommern; im Voralpenland durch die Rotschwingelweide ersetzt.

K Kammgras, Englisches Raygras, Wiesen-Lieschgras, Faden-Ehrenpreis

Glatthaferwiese
Typische Wiese der grundwasserfernen, gut gedüngten Standorte, die gewöhnlich zwei- oder mehrschürig genutzt wird. Im Blühaspekt ziemlich bunt, vor allem in Süddeutschland auf stärker erwärmten und durchlüfteten Böden. In der Ebene und in der Hügelregion.

K Glatthafer, Wiesen-Glockenblume, Wiesen-Labkraut, Wiesen-Storchschnabel, Acker-Witwenblume, Pastinak, Wiesen-Pippau, Futter-Esparsette, Wiesen-Salbei, Gamander-Ehrenpreis, Wiesen-Bocksbart, Wiesen-Margerite, Wiesen-Kerbel

Goldhaferwiese
Mit der typischen Glatthaferwiese im Bergland zunächst durch Übergänge verbunden, in höheren Lagen jedoch dominant. Untergrenze in den Nordalpen etwa bei 900 m, im Harz bei 400 m.
Viele geographische Rassen und Einzelgesellschaften sind innerhalb dieses Verbandes beschrieben worden.

K Weißer Krokus, Stern-Narzisse, Gemeiner Frauenmantel, Weicher Pippau, Große Bibernelle, Wald-Storchschnabel, Rote Lichtnelke, Hohe Schlüsselblume

Trocken- und Halbtrockenrasen

Trespen-Halbtrockenrasen
Typischer Halbtrockenrasen, der seine beste Entwicklung in submediterranen Gebirgen auf Kalkuntergrund aufweist, aber auch in Mitteleuropa in den sommerwarmen und nicht zu winterkalten Gebieten auftritt (Harzvorland, Mosel-, Ahr-, Nahe- und Maintal, Kaiserstuhl, Schwäbische und Fränkische Alb). Vielfach werden die Halbtrockenrasen-Standorte von Rebfluren oder Ackerland eingenommen. Für die Erhaltung dieser ausgesprochen artenreichen und sehr blumigen Wiesen ist regelmäßige Triftbeweidung durch Schafe erforderlich. Viele Halbtrockenrasen sind Orchideenwiesen und stehen daher unter Naturschutz.

K Aufrechte Trespe, Karthäuser-Nelke, Gemeines Sonnenröschen, Hufeisenklee, Tauben-Skabiose, Berg-Gamander, Stengellose Eberwurz, Dorniger Hauhechel, Kriechender Hauhechel, Knollen-Hahnenfuß, Warzen-Wolfsmilch, Hummel-Ragwurz u. a., Helm-Knabenkraut u. a., Deutscher Enzian

Trespen-Volltrockenrasen
Diese Magerrasen nehmen noch trockenere, meist steil südexponierte und ziemlich flachgründige Hänge ein, in denen beispielsweise selbst der Weinbau unmöglich wäre. Volltrockenrasen sind ziemlich lückig, weil zwischen

14

den Pflanzen überall das anstehende Gestein hervortritt. Dauergesellschaft, die wegen der Standorteigenschaften nicht von Gehölzen verdrängt werden kann.

K Aufrechte Trespe. Gelbscheidiges Federgras, Apenninen-Sonnenröschen, Gemeines Heideröschen, Schmalblättriger Lein, Gemeine Kugelblume, Scheiden-Kronwicke, zusätzlich mit bunter Erdflechten-Gesellschaft

Steppenrasen

Schwingel-Steppen
Rasengesellschaften in kontinental getönten Trockengebieten mit knapp 500 Millimeter Jahresniederschlag, in der Bundesrepublik Deutschland beispielsweise im Gebiet des Mainzer Sandes, im unteren Nahetal und in Mainfranken, enthält zahlreiche seltene und unbedingt schützenswerte Pflanzenarten.

K Frühlings-Adonisröschen, Steppen-Wolfsmilch, Badisches Rispengras, Sand-Fingerkraut, Pferde-Sesel, Grauscheidiges Federgras, Feinblatt-Schafgarbe, Hügelmeier, Aufrechter Ziest u. a.

Sandfluren

Silbergrasrasen
Verschiedene Pioniergesellschaften auf offenem, weitgehend festgelegtem oder nur noch wenig verwehten Sand von Küsten- und Binnendünen, je nach Küstennähe mit höherem atlantischen oder kontinentalen Artenanteil.

K Silbergras, Sand-Segge, Bauernsenf, Schaf-Schwingel, Kleiner Ampfer, Dünen-Veilchen, Hasen-Klee, Kleiner Vogelfuß, Zwerggras

Watt- und Salzwiesen

Andelrasen
Überflutungsfester Pflanzenverband im Watt der Nordseeküste etwa zwischen mittlerer Hochwasserlinie und knapp oberhalb der Flutmarke des Springtidehochwassers.

K Englisches Löffelkraut, Strand-Milchkraut, Andel, Salz-Keilmelde, Strand-Wegerich, Meerstrand-Dreizack, Salz-Spark, Strandflieder, Salz-Aster u. a.

Strandnelkenrasen
Gesellschaftsgefüge, das im Bereich der Springtidehochwassermarke beginnt und den gesamten, vom Salz imprägnierten Bereich besiedelt, vertreten mit den Einzelgesellschaften Salzbinsen-Seggen-Ried, Meerbinsen-Ried, Bottenbinsenwiese und Strandwermutwiese.

K Salz-Binse, Strandnelke, Rot-Schwingel, Weißes Straußgras, Strand-Beifuß u. a.

Die Arnika (*Arnica montana*) gedeiht nur in nährstoffarmen Silikatmagerrasen.

Borstgrasrasen

Subalpine Borstgrasrasen

Während die Borstgrasmatten der tieferen Lagen zumeist bodensaure Waldgesellschaften ersetzen, sind die Hochgebirgsgesellschaften dieses Pflanzenverbandes wohl überwiegend ursprünglich und nicht wirtschaftsbedingt. In den höchsten Lagen der Silikatmittelgebirge (Schwarzwald, Vogesen, Harz, Riesengebirge) kommen Pflanzenarten vor, die aufgrund ihrer übrigen Verbreitung Eiszeitrelikte darstellen.

K Alpen-Flachbärlapp, Gold-Fingerkraut, Alpen-Klee, Alpen-Kreuzblume, Alpen-Wegerich, Bärtige Glockenblume, Katzenpfötchen, Borstgras, Stengelloser Enzian, Schweizer Löwenzahn, Weißzüngel

Tieflagen-Borstgrasmatten

Die Gesellschaften dieses Verbandes sind Wirtschaftsrelikte, da sie potentielles Waldland besiedeln. Ihre Standorte neigen zur Bodenversauerung und zur Nährstoffarmut. Die Silikatmagerrasen dieses Typs sind zwar nicht so blumenbunt wie die Halbtrockenrasen auf Kalk, aber dennoch mit jahreszeitlich wechselnden Farbakzenten versehen.

K Borstgras, Arnika, Hunds-Veilchen, Flügelginster, Gemeine Kreuzblume, Hain-Augentrost, Wald-Läusekraut, Schwarze Flockenblume, Felsen-Labkraut, Feld-Hainsimse, Dreizahn, Kleines Habichtskraut.

Wissenswert für Wiesenforscher

Als typischer Bestandteil unserer Kulturlandschaft sind Wiesen und Weiden sicher keine entlegenen, unerreichbaren Sonderbiotope, sondern fast immer über das Netz der Flur- und Wirtschaftswege zugänglich. Tatsächlich läßt sich so manches schon vom Weg aus entdecken – viele Pflanzen und Tiere, die die Lebensgemeinschaften aufbauen, zeigen sich auch in den Randbereichen und nicht nur im Zentrum hektargroßer Grünlandflächen. Daher ist es oft unnötig, eine Wiese kreuz und quer zu durchstreifen – so verlockend solche Entdeckungszüge auch sein mögen.

Vorher um Erlaubnis fragen

Wiesen und Weiden sind Nutzland, das gewöhnlich zu den Wirtschaftsflächen eines Hofes gehört. Aus verständlichen Gründen sehen es die Landwirte nicht gerne, wenn man eine mähreife Wiese oder gar eine abgezäunte Viehweide betritt.

Allerlei am Weg ich fand

Manche Wiesentypen wie Feucht-, Naß- und Moorwiesen oder ihre trockenen Gegenstücke wie Kalkmagerfluren, Silikattriften oder andere Trockenrasen sind rechtskräftig ausgewiesene Naturschutzgebiete. Hier ist selbstverständlich besondere Umsicht geboten: Sammeln und Mitnehmen oder auch nur Aufstören und in manchen Fällen sogar Fotografieren (Vogelnester!) sind schlicht verboten. Kein echter Naturfreund wird durch falsches Verhalten unnötig Druck auf die geschützten Biotope mit ihren seltenen, vom Aussterben bedrohten Arten in einer Verbreitungsinsel ausüben. Gehen Sie nicht auf eine geschützte Fläche. Planmäßig angelegte Wege entlang der Naturschutzgebiete ermöglichen fast immer abwechslungsreiche Erlebnisse.

Ausrüstung für die Geländearbeit

Unsere Wiesenerkundung wird gewiß effektiver, wenn wir beispielsweise die Reichweite unserer Augen ein wenig verbessern. Folgende Hilfsmittel sollte man mit sich führen:

* Handlupe, Vergrößerung etwa 6- bis 12fach, zum Vordringen in das Reich der kleinen Dimensionen.
* Fernglas, lichtstark, aber handlich, stabil und leicht, etwa im Bereich 8×25 bis 10×20. Auch zum Botanisieren geeignet!
* Kamera, am besten Spiegelreflexkamera mit Makroobjektiv, zum Festhalten und ‚Mitnehmen' interessanter Eindrücke aus dem Gelände.
* Notizbuch, etwa DIN A4, zum Festhalten von Daten und Beobachtungen oder zum Skizzieren.
* Bestimmungsbuch, zum genaueren Kennenlernen der Wiesenpflanzen und Wiesentiere (Blumen, Gräser, Vögel, Insekten).
* Glasröhrchen oder kleines Schraubdeckelglas, zum zeitweiligen (!) Beobachten von Kleintieren, die anschließend sofort wieder freigelassen werden.
* Sammeltüte, zum Mitnehmen von Herbarpflanzen. Naturschutzbestimmungen (Artenschutzverordnung) beachten!
* Pinzette, am besten eine spitze Ausführung, für die Arbeit an Blüten oder andere Detailuntersuchungen,
* Taschenmesser.

17

Außergewöhnliche Wiesenpflanzen sind (S. 18): Karlszepter (*Pedicularis sceptrum-carolinum* – oben links), Purpur-Knabenkraut (*Orchis purpurea* – oben rechts), Schachblume (*Fritillaria meleagris* – unten links), Bocksriemenzunge (*Himantoglossum hircinum* – unten rechts) sowie (S. 19) Helm-Knabenkraut (*Orchis militaris* – oben links).

Seltene Wieseninsekten, die besonderen Schutz verdienen, sind Schwalbenschwanz (*Papilio machaon* – unten links), die schwer zu entdeckende Gottesanbeterin (*Mantis religiosa* – oben rechts) und Labkrautschwärmer (*Celerio galii* – Mitte rechts). Die Maulwurfsgrille (*Gryllotalpa gryllotalpa* – unten rechts) ist wegen ihrer heimlichen Lebensweise nicht oft zu sehen.

19

Arten aus der Roten Liste der Wiesenvögel sind das Schwarzkehlchen (*Saxicola torquata* – oben links), der Wespenbussard (*Pernis apivorus* – Mitte links), die Wiesenweihe (*Circus pygargus*, Männchen – unten links) und der Weißstorch (*Ciconia ciconia* – oben rechts). Der Wendehals (*Jynx torquilla* – unten rechts) bewohnt Baum- und Obstwiesen.

Nicht allzu selten, aber nicht immer zu sehen sind Reh (*Capreolus capreolus* – oben links), Maulwurf (*Talpa europaea* – Mitte links), Kaninchen (*Oryctolagus cuniculus* – unten links), Mauswiesel (*Mustela nivalis* – oben rechts) und Fuchs (*Vulpes vulpes* – unten rechts). Eine Rarität ist dagegen vielerorts der Feldhase (*Lepus europaeus* – Mitte rechts).

Frühling

Lebenskünstler Löwenzahn

Spätestens im April genügen ein paar warme Tage, und das Grünland überzieht sich mit dem satten Gelb des Löwenzahns. Knalliger kann eine Blühwoge wohl kaum ausfallen, zumal auf solcher Fläche. Überall kommt die Pflanze in Mengen vor, auf Mähwiesen ebenso wie auf Standweiden. Manche Leute schätzen das feinbittere Aroma der grobgesägten Löwenzahnblätter und schnippeln sie deshalb mit in einen Frühlingssalat. Die Vorliebe kommt nicht von ungefähr – schließlich ist der Löwenzahn mit Kopfsalat oder Endivie engstens verwandt.

Von Natur aus käme der Löwenzahn in solchen Mengen, wie wir ihn draußen vorfinden, sicherlich nicht vor. Als vergleichsweise lichtbedürftige Pflanze, die praktisch nur aus einer Rosette bodennaher Blätter besteht, hätte sie gegen eine dauerhaft höherwüchsige Konkurrenz aus Hochstauden oder Kleingehölz keine besondere Chance. Der Löwenzahn liebt es einfach nicht, in den Schatten gestellt zu werden. Auf einer Wiese oder Weide, wo die Konkurrenten bei der Mahd weggeschnitten werden, kann er sich dagegen prächtig entfalten.

Hart im Nehmen

Einige biologische Besonderheiten haben gerade den Löwenzahn im Kulturland Weide besonders gefördert. Da ist beispielsweise seine bemerkenswerte Trittfestigkeit zu nennen. Auf einer Weide halten sich die Weidetiere nicht überall gleichmäßig auf. Wasserstellen oder aufgestellte Tränkwagen werden häufiger aufgesucht als andere Teilflächen. Besonderes Gedränge herrscht na-

türlich auch immer am Koppeltor oder in der Nähe schattenwerfender Gehölze, die bei sommerlicher Hitze hochwillkommen sind. Kurz, die Trittbelastung des Weidebodens ist ungleichförmig. Zu den Pflanzen, die an trittbelasteten Stellen immer zu finden sind, gehört mit Sicherheit auch der Löwenzahn. Wenn ihm einmal eine Kuh auf die Blattrosette steigt, ist das überhaupt keine Katastrophe. Aus dem Wurzelhals kann sich notfalls auch in kurzer Zeit eine neue Rosette regenerieren. Die Trittbelastung hat allerdings auch ihre Grenzen: Auf längere Zeit durchweichtem Weidegrund stampfen die schweren Weidetiere den gesamten Pflanzenwuchs in Grund und Boden. Nur relativ wenige Wiesenpflanzen ertragen eine stärkere Aufdüngung ihrer Standorte. Wo die Landwirte schon im zeitigen Frühjahr Gülle auftragen und auch der Dung der Standweidetiere auf der Fläche verbleibt, erhält der Boden große Mengen an Stickstoffverbindungen. Die zunächst noch organischen Stoffe werden durch Bakterien in anorganische Pflanzennährstoffe umgewandelt. Gewöhnlich ist aber eine viel größere Stickstoffreserve vorhanden, als von den Pflanzen verbraucht werden kann. Mit dieser Stickstoffanreicherung kommt der Löwenzahn bestens zurecht. Er gilt sogar als Zeigerpflanze für hohe Bodenstickstoffwerte und wird durch Überdüngung in seiner Vitalität sogar noch gefördert. Wo sich im

Löwenzahn (*Taraxacum officinale*) gilt als Nährstoffzeiger. Durch Aufdüngung wird er stark gefördert.

Frühjahr das Grünland über und über mit Sattgelb bezieht, ist des Guten im allgemeinen zuviel getan worden.

Auch ein Lebenskünstler: Der Bienenwolf (*Trichius apiarius*) auf dem Löwenzahn-Blütenstand lebt als Larve in Bienenstöcken.

Des Messers Schneide schafft ihn nicht

Drillinge beim Löwenzahn: Blütenstandsverbänderung infolge einer Entwicklungsstörung.

Gegenüber anderen Wiesen- und Weidepflanzen zeigt der Löwenzahn ein Merkmal, das sich wohl eher zufällig als Vorteil erwies: Die Messer der Mähmaschinen sausen über die Blattrosette, aus der sich der Löwenzahn immer wieder regeneriert, einfach hinweg, ohne davon allzuviel zu entfernen. Vor dem ersten Schnitt gegen Ende Mai oder Anfang Juni ist die Pflanze außerdem längst verblüht und hat sich in die recht hübsche Pusteblume umgewandelt. Wenn Balken- oder Kreiselmäher heranrücken, sind die Samen längst verweht. Im nach-

folgenden Tiefstand der Grünlandfläche kann der Löwenzahn – nun wieder voll ins Licht gerückt – sogar noch eine zweite Blütengeneration zuwege bringen und mit dem Fruchten abschließen. Gegenüber dem Scharfen Hahnenfuß, der bereits bei der ersten Mahd die meisten seiner oberirdischen Pflanzenteile einbüßt und sie bis zum zweiten Hochstand der Wiese oder Weide fast vollständig regenerieren muß, ist die Rosettenpflanze Löwenzahn klar im Vorteil.

Vom Winde verweht

Nach dem Abblühen bleibt der Blütenstand geschlossen. Die grünen, eng zusammengezogenen Hüllblätter lassen an der Spitze lediglich ein paar bräunlich verfärbte Blütenzipfel vorschauen. Innen läuft jetzt die Fruchtreife ab. Dabei verlängert sich der Stielabschnitt zwischen dem Fruchtknoten und dem weißen Haarkranz um rund das Dreißigfache. Nach einigen Tagen öffnen sich die Hüllblätter ein letztes Mal, so daß sich die Dreiviertelkugel der Pusteblume ausbreiten kann. Etwa 200 bis 400 Fruchtfallschirmchen sitzen startbereit auf dem weißen Blütenstandsboden, jedes mit weniger als einem halben Milligramm Startgewicht. Zur Fruchtreife Ende April oder Anfang Mai sind die übrigen Wiesenpflanzen noch nicht sehr hoch. Das erhöht die Verbreitungschance der Fallschirmsegler, die ja aus größerer Bodennähe starten müssen. Ein paar kräftige Windstöße tragen sie davon. Bei absoluter Windstille würden sie etwa 30 Zentimeter in der Sekunde sinken – etwa zwanzigmal langsamer als ein Sport- oder Militärfallschirm. Luftturbulenzen halten die Löwenzahn-Schirme längere Zeit in der Schwebe, und ein frischer Wind reicht aus, um sie mehrere Kilometer weit davonzupusten. Wenn sie zu Boden gegangen sind, wird sofort eine weitere praktische Einrichtung wirksam, nämlich die rückwärts gerichteten, in Längsreihen angeordneten Zähne der Frucht. Sie verkrallen sich wie ein Klippanker an feinen Bodenunebenheiten und sorgen dafür, daß der Samen nach seiner Landung nicht unnötig umhergewirbelt wird. Sollte an der Landestelle keine Keimmöglichkeit bestehen, macht das auch nichts: Löwenzahnfrüchte behal-

Flugfertige Früchte: Ein kräftiger Wind trägt sie kilometerweit davon.

ten ihre Keimfähigkeit für mehrere Jahrzehnte.

Tips für die Praxis

* Wetterabhängigkeit des Schließmechanismus einer Löwenzahnblüte beobachten
* Eine Löwenzahnpflanze von einer Feuchtwiese auf einen trockenen Standort verpflanzen und nach einiger Zeit mit den Pflanzen der Feuchtwiese vergleichen
* Nach dem Schnitt der Rosettenblätter das Nachwachsen der Pflanze (Regeneration) beobachten
* Löwenzahnblätter für einen köstlichen Wildkräutersalat sammeln

27

Der Zauber der Vielfalt

Eine richtige Wiese besteht nicht nur aus einer großen Ansammlung schlanker Grashalme und schlichtgrüner Wiesenkräuter, die mit wenigen Arten, aber ungemein individuenstark um den verfügbaren Raum konkurrieren. So einigermaßen dauerhaft grün und ohne bunte Farbtupfer geht es eigentlich nur auf einer Standweide zu, bei der das Weidevieh vom Frühjahr bis zum Herbst auf der gleichen Fläche steht und bei den Pflanzenarten für eine strenge Auslese sorgt. Auch die Umtriebweide, bei der die Weidefläche so unterteilt wird, daß die Weidetiere immer nur für wenige Tage auf einer Teilfläche grasen, kennt in den meisten Fällen keinen bunten Blütenflor mehr. Der Wechsel von Beweidung und Mahd nutzt die Biomasse der Pflanzen optimal. Nur wenige Pflanzen sind diesem Nutzungsdruck tatsächlich noch gewachsen. Ökologisch entspricht auch der penibel gepflegte Vielfach-Scherrasen auf dem Golfplatz oder im Stadtpark einer intensiv genutzten Weidefläche. Die Unterschiede zu einer blumigen Wiese mit ihrer beeindruckenden Artenvielfalt könnten überhaupt nicht größer ausfallen.

Ein völlig anderer Rahmen

Gegenüber dem Ackerland herrschen auf einer Wiese geradezu bemerkenswert stabile Verhältnisse. Äcker sind Produktionsstätten, auf denen der wirtschaftende Mensch die Pflanzenauswahl trifft und kritisch darüber wacht, daß sich dort auch keine unerwünschten Konkurrenten der Nutzpflanzen einfinden. Nach Wachsen, Blühen, Fruchten und Reifen oder mitun-

ter auch schon früher werden die Bestände wieder vollständig ausgeräumt. Länger als ein halbes oder dreiviertel Jahr besteht die Lebens- (oder besser: Existenz-) gemeinschaft Acker gewiß nicht. Verständlich, daß sich auf dem Ackerland und seinen Randstreifen fast nur einjährige Wildkräuter einfinden, darunter zum Glück auch solche Arten, die wie Klatsch-Mohn, Acker-Senf, Kornblume oder Kamille Farbe in die Einheitstracht der Getreidefelder bringen.

Der Lebensrhythmus einer Wiese gestaltet sich anders. Nährstoffangebot, Bodenverhältnisse und vor allem die Nutzungsform und -häufigkeit bestimmen langfristig den Bestandsaufbau und die Artenzusammensetzung. Schon allein wegen ihrer zeitlichen Beständigkeit ermöglicht die Wiese die Entfaltung vielgliedriger Lebensgemeinschaften vom Wurzelraum der Pflanzen bis zu denen Blühhorizont. Sichtbarer Ausdruck dafür ist der Reichtum an blühenden Pflanzenarten, die zahllose Insekten anlocken. Auf einer blühenden Wiese kann man Vertreter aus fast allen Verwandtschaftsgruppen der Insekten antreffen. Dem Heer der Insekten folgen verständlicherweise die insektenfressenden Vogelarten und etliche Kleinsäuger. So entsteht durch Nahrungsangebot und -nachfrage ein sehr engmaschig geknüpftes Netz von Beziehungen und Abhängigkeiten der Arten untereinander.

Jedesmal eine neue Wiese

Da Mähwiesen im Jahresablauf beerntet werden, bleibt zum Herbst kaum totes, trockenes,

Die grüne Raupe des Aurorafalters (*Anthocharis cardamines*) ist im Stengelgewirr nur schwer zu entdecken.

Nur das Männchen des Aurorafalters, das hier an Wiesen-Schaumkraut (*Cardamine pratensis*) saugt, zeigt kräftig orangerote Flügelecken.

vergilbtes Pflanzenmaterial als Deckschicht über dem Boden zurück. Wiesen sind daher auch im Winter unter der Schneedecke einigermaßen grün und sehen nach der Schneeschmelze erstaunlich saftig aus. Ziemlich zeitig startet auf der Wiese das Pflanzenwachstum. Den pflanzenfressenden Wald- und Flurbewohnern kommt der grüne Frühstart sehr gelegen. Rehe und Hirsche, aber auch Hasen und Kaninchen wechseln aus nahegelegenen Wäldern oder Feldholzinseln zur

Äsung gerne auf die einladenden Grünflächen über. Auf grasreichem Brachland, das nicht durch Mahd genutzt wird, dauert der Start des Pflanzenwachstums sichtlich länger. Licht und Wärme können hier wegen der Deckschicht aus toter Pflanzenmasse nicht so wirksam zum Boden- und Erneuerungshorizont vordringen.

Gegenüber den Gräsern haben die Blütenpflanzen schon bald einen deutlichen Entwicklungsvorsprung. Noch bevor die Gräser sich so richtig in Szene setzen können, bestimmen die verschiedenen Wiesenblumen den jeweiligen Aspekt der Wiese. Mit Wiesen-Primel, Scharbockskraut oder Gänseblümchen beginnt die bunte Szenenfolge bereits Anfang März. Dem folgt das knallige Gelb des Löwenzahns, abgelöst vom Wiesen-Schaumkraut mit

Wiesenvielfalt. Feucht: **1** Kuk-kucks-Lichtnelke, **2** Wiesen-Schaumkraut, **3** Aurorafalter, **4** Sumpfdotterblume, **5** Grasfrosch. Frisch: **6** Wiesen-Kerbel, **7** Rote

Lichtnelke, **8** Weißklee, **9** Waffenflie-
ge, **10** Maulwurf. Trocken: **11** Aufge-
blasenes Leimkraut, **12** Wiesen-
Rispengras, **13** Wiesen-Lein.

seinen blaßvioletten, aus der Entfernung meist weißlich erscheinenden Blütenständen. Hierauf folgt eine zweite intensive Gelbwelle mit – je nach Standort – Knolligem und Scharfem Hahnenfuß und wenig später Wiesen-Bocksbart beziehungsweise Wiesen-Pippau.

Verhältnismäßig artenarme Wiesen haben ab Ende Mai eine fast reinweiße Blühphase mit Wiesen-Labkraut, Wiesen-Kerbel, Wiesen-Margerite und zuletzt Schafgarbe. In artenreicheren Beständen ist ab Mitte Mai eigentlich keine allzu dominante Blütenfarbe mehr auszumachen. Statt dessen gleicht die Wiese jetzt eher einer Malerpalette. Das helle Blau der Wiesen-Glockenblumen, die deutlich kräftigeren Blautöne von Wiesen-Salbei und Wiesen-Storchschnabel stehen fast gleichberechtigt neben dem Rot von Wiesen-Klee, Futter-Esparsette und Roter Lichtnelke oder den Gelbnuancen von Wiesen-Hornklee, Wiesen-Platterbse, Klappertopf-Arten oder Wiesen-Frauenmantel. Etwa zwei Monate nach dem ersten zaghaften Blühbeginn ist sozusagen der Gipfelpunkt des bunten Geschehens in der Wiese erreicht – und nimmt bald ein jähes Ende.

Zwischen Hoch und Tief

Noch bevor die meisten Wiesenblumen ihre Blühphase hinter sich bringen und fruchten können, rücken ihnen unbarmherzig Sense oder Mähmaschine zuleibe. Für den Artenbestand ist diese Bewirtschaftungsmaßnahme ein herber Einschnitt. Würde der erste Blumenwiesenschnitt weiter in den Sommer verlegt, stünde es um den Artenreichtum des Ökosystems Wiese zweifellos besser. Bergwiesen, die aus klimatischen Gründen erst verhält-

nismäßig spät gemäht werden, sind schon allein wegen ihrer längeren Vegetationszeit besonders blumig und artenreich. Der relativ frühe Schnitt der Futterwiesen begünstigt vor allem Arten mit hohem Regenerationsvermögen oder sehr tief liegenden Erneuerungsteilen wie Blattrosetten oder Ausläufern.

Wenn die Mähwiese aus dem spätwinterlichen Tiefstand bis zum ausgehenden Frühjahr einen ersten Hochstand erreicht, wird durch den Kreiselmäher so in einem Augenblick auf den nächsten wieder ein Tiefstand erreicht. Ökologisch ist die Mahd einer artenreichen Wiese eine Katastrophe. Völlig unvermittelt gehen gerade für die Insekten, aber auch für andere Wiesenbesucher, ergiebige und unentbehrliche Nahrungsgründe verloren. Außerdem werden ihre Brut- und Entwicklungsstätten mit allen dazugehörenden Entwicklungsstadien vom Ei bis zur Puppe zerstört oder geschädigt. Das gesamte komplexe Beziehungsgefüge, das sich wochenlang entwickeln konnte, wird zerstört. Oft besteht nicht einmal die Möglichkeit, daß Tiere mit größerem Aktionsradius in benachbarte Wiesengrundstücke flüchten, weil man in kurzer Zeit auf großen Flächen nach dem gleichen Schnittmuster verfahren und alles niedergemacht wird. Zudem wird das Schnittgut häufig ziemlich rasch eingefahren. Wenn es auf der Wiese zum Trocknen verbleibt, besteht zumindest eine gewisse Chance für Rückzugsmanöver. Es ist jedoch sehr erstaunlich, daß sich ein zerstörtes Ökosystem wie eine Mähwiese tatsächlich wieder erholt. Auch die Tierwelt hält mit dem Wiederaufwachsen der regenerationsfähigen Wiesenpflanzen erneut Einzug. Wenn in der ersten Augusthälfte der zweite, zumeist schon deutlich bescheidenere Hochstand der Wiese erreicht ist, kann man auch wieder ein artenreiches Insektenleben beobachten. Die Pflanzenwelt der Wiese präsentiert sich nun mit anderen Arten: Wiesen-Bärenklau, Große Bibernelle, Wilde Möhre, Flokkenblume stehen jetzt in Blüte. Andere Arten, wie der Scharfe Hahnenfuß, blühen gar schon zum zweiten Mal oder fruchten bereits wieder. Gewöhnlich ist jetzt der zweite Schnitt fällig. Aus dem Sommer-Tiefstand erholt sich die Wiese allerdings nicht mehr so recht. Im dritten Hochstand der Saison kommen eigentlich nur noch relativ niedrigwüchsige Arten vor.

Wiesen zeigen Charakter

Futterwiesen zeigen nach kurzer Zeit ein entsprechend einheitliches Aussehen. Bei mehr extensiver Nutzung, die aus einem Wiesengelände nicht unbedingt den maximal möglichen Ertrag erwirtschaftet, zeigen sich im bunten Blütenflor des späten Frühjahrs kurz vor oder während des Hochstandes viel stärker auch die standörtlichen Unterschiede. Eine Feuchtwiese mit sehr hoch anstehendem Grundwasser oder Quellhorizonten wird selbstverständlich von anderen Arten besiedelt als ein Wiesengelände über frischem oder gar trockenem Boden. Für jeden Standort gibt es unter den über tausend verschiedenen Grünlandbesiedlern der heimischen Flora ausgesuchte Spezialisten, denn Pflanzen verfügen nun einmal über unterschiedliche Möglichkeiten und Anpassungsmechanismen, um mit dem jeweiligen Bedingungsrahmen ihres Lebensraumes zurechtzukommen. Daraus ergeben sich – strukturiert durch ein bestimmtes Faktorengefüge – die

Der Wiesenpieper (*Anthus pratensis*) hält sich gerne am Boden auf und sucht sich hier auch eine Singwarte.

verschiedenen Vergesellschaftungen der Arten. Umgekehrt kann man bei Kenntnis ihrer Ansprüche auch von den Pflanzen auf die ökologische Eigenart ihres Standortes schließen. Viele Pflanzen gelten als sehr zuverlässige Indikatoren oder Zeigerpflanzen, die dem kundigen Beobachter schon aus der Entfernung signalisieren, was an ihrem Wuchsort vorgeht. Einen Wiesenausschnitt, wie ihn das Bild auf Seite 30/31 zeigt, wird es in der Realität kaum geben, denn er vereinigt in sich eine Reihe von Kenn- oder Charakterarten höchst unterschiedlicher Wiesentypen und -gesellschaften. Auf der linken Bildhälfte sind einige häufige Feuchtezeiger dargestellt, zur Mitte und zur rechten Hälfte hin dagegen die Arten frischerer Böden oder zunehmend trockenerer Wiesen. Entsprechend werden auch die begleitenden Tierarten nicht unbedingt alle im gleichen Wiesengelände zu erwarten sein.

Eine genauere Bestimmung der verschiedenen Wiesengesellschaften ist eigentlich nur anhand pflanzensoziologischer Aufnahmen und Einzelanalysen möglich. Für eine erste Orientierung über das Spektrum der Möglichkeiten genügt die etwas vereinfachte Übersicht sicherlich.

Tips für die Praxis

∗ Jeweils einen Quadratmeter der verschiedenen Wiesentypen abstecken und alle Pflanzenarten notieren (Bestimmungsbuch!); Ergebnisse vergleichen
∗ Die Insekten auf diesem Areal beobachten und registrieren
∗ Eine Wiese während einer Vegetationsperiode beobachten: dominierende Art; dominierende Farbe; Anpassung an den Schnitt; Artentagebuch; Blühkalender
∗ Wiesenblumen-Herbar anlegen

Blickfang Blüte

Ohne Pflanzen gäbe es keine Tiere. Aber ohne Tiere wären auch viele Pflanzenarten rasch am Ende. Der Blick auf eine blühende Wiese verrät den Grund: Insekten aller Verwandtschaftsgruppen eilen geschäftig von Blüte zu Blüte und garantieren somit die Pollenübertragung. Wo nicht Wind oder Wasser die Pollen zur Bestäubung herantragen, werden allerhand flugfähige Tiere direkt in den Bestäubungsablauf einbezogen.

Doch wie bringt man als Blüte eine Hummel oder Schwebfliege dazu, den Blütenstaub genau von A nach B zu transportieren? Warum lassen sich auch Käfer, Fliegen und Schmetterlinge für solche Pollenkurierdienste gewinnen?

Erfolg auf Umwegen

Genaugenommen ist die Pollenbeförderung von Blüte zu Blüte ein – allerdings ganz wichtiger – Nebeneffekt. Die flugfähigen Blütenbesucher haben keine Ahnung davon, daß sie eigentlich ganz raf-

finiert getäuscht und zur unfreiwilligen Pollenspedition verleitet werden. Die Blütenpflanzen, die von Insekten angeflogen werden, setzen im Grunde genommen den alten Zuckerbrottrick aus der Zirkusdressur ein.

Bienen, Hummeln, Schwebfliegen und ihre gesamte vierflügelige Verwandtschaft besuchen eine Blüte nur, weil es dort etwas zu holen gibt. Die Blüten servieren ihnen kohlenhydrathaltige oder sehr proteinreiche Menüs, und dabei kommt die Befrachtung mit Pollen mit nachfolgender Bestäubung einer anderen Blüte ins Spiel.

Saftläden und Pollenbuden

Blüten sind gut sortierte Naschkisten, die den Geschmack ihrer Gäste offenbar gut treffen. In vielen Blüten, beispielsweise bei den Hahnenfuß-Arten, wird der süße Blütennektar ohne große Umstände angeboten. Die Nektardrüsen befinden sich am Grunde der großen gelben Blütenblätter. Der Nektar kann dort einfach ein-

Ungewöhnlicher Besuch: Hummelschwärmer (*Hemaris fuciformis*) auf einem Gänseblümchen (*Bellis perennis*).

gesammelt werden. In anderen Blütentypen müssen die herbeigeeilten Tiere die Nektartöpfe erst ein wenig suchen. Bei röhrig aufgebauten Kronen wie im Fall der Roten Lichtnelke oder bei allen Blüten vom Bautyp des Salbeis, der Klappertopf-Arten und der Taubnesseln liegt die gesuchte Süßspeise verdeckt. Zufällig ist diese Plazierung sicherlich nicht: Wenn sich eine Schwebfliege oder ein Schmetterling den Saugrüssel tief im Blüteninneren ordentlich mit Nektar beschmiert hat, bleiben beim Zurückholen noch mehr Pollenkörner daran kleben.

Blüten bieten aber nicht nur Nektar. Wer keinen hochkonzentrierten Zuckersaft mag, findet in der Blüte auch reichlich Knabberzeug. Und seltsam genug: Gerade die Pollen, die doch eigentlich zum Versand in andere Blüten der gleichen Art gehen sollen, werden den Blütenbesuchern buchstäblich zum Fraß vorgeworfen. Wo auf der Speisekarte nicht ausschließlich Nektar, sondern auch proteinreiche Pollen erscheinen, müssen die voraussichtlichen Knabberverluste durch besonders reiche Produktion ausgeglichen werden. So erklärt es sich, warum etwa von Klatsch-Mohn, Hahnenfuß, Frauenmantel oder Löwenzahn weitaus mehr Staubgefäße entwickelt werden. In diesen Blüten steht der Pollen in großen Mengen zur Verfügung. Auch wenn davon kräftig konsumiert wird, bleibt für die Bestäubung immer noch genügend übrig.

Signalstationen

Keine Imbißbude und erst recht kein Gasthaus kommen ohne Sichtreklame aus. Aus dem gleichen Grund sind die unauffälligen, einfachen Blüten der windblütigen Arten durch Umgestaltung zu attraktiven Blumen geworden, die mit üppigen Formen und knalligen Farben Aufmerksamkeit erregen. Nektarschüsseln oder Pollentüten fallen ja zunächst einmal nicht besonders auf. Folglich muß mit einer werbewirksamen Verpackung kräftig nachgeholfen werden. Um sich von der Umgebung genügend abzuheben, sind optische Mittel natürlich gerade recht. Potentielle Blütenbesucher erkennen den Zusammenhang zwischen Erscheinungsbild einer Blüte und ihrem Nahrungsangebot. So führt ein grellfarbiger Farbklecks auf neutralem Hintergrund ziemlich zuverlässig die Blütenkundschaft in Scharen heran. Insofern ist die Blüte, werbetechnisch gesprochen, ein ungemein wirksamer visueller Aufreißer – ein Blickfang, an dem kein Weg vorbeiführt.

An sich würde ein knalliger Klecks für diese Signalfunktion ja vollends ausreichen. Doch warum zeigen Blüten außer Farbe auch noch Muster?

Landehilfen und Bedienungsanleitung

Wer durstig oder hungrig ein Gasthaus ansteuert, möchte gewiß nicht umständlich den Eingang suchen müssen. Ein paar Zusatzinformationen über die Topographie des Establissements werden vom Gast gerne entgegengenommen.

Genau diese Hilfe wird dem nahenden Insekt von der Blüte angeboten. Dabei ist zusätzlich zu bedenken, daß die einladende Blüte für den anfliegenden Besucher gleichzeitig auch ein Landeplatz ist. Folglich muß auch dafür Sorge getragen werden.

Nur als Lenk- und Landehilfen werden zahlreiche Blütenmuster verständlich. Eine bunte Blume ist somit nicht nur ein plakativer Farbfleck auf grünem Hintergrund, sondern ein Gebilde mit hochgeordneten Strukturen.

So muß bei genauerer Betrachtung von Wiesenblumen (etwa von Vergißmeinnicht, Ehrenpreis, Lichtnelke, Storchschnabel, Schaumkraut und vielen anderen Arten) auffallen, daß das Blütenzentrum von der Blütenperipherie farblich immer kräftig abgehoben wird. Mit diesem Kontrastprogramm wird das ankommende Insekt zielgenau in das Blütenzentrum geleitet. Während die Gesamtblüte oder auch ein Blütenstand wie bei Gänseblümchen oder Margerite mit ihrer enormen Farbigkeit Leuchtreklame mit Fernwirkung betreibt, dienen die differenzierten Muster der Blütenkronblätter eher der Nah- und Feinnavigation. Farbkontraste zwischen innen und außen oder Mitte und Rand sind dazu ein sehr geeignetes Mittel. Dunkel gefärbte Blüten hellen ihr Zentrum auf, hellfarbene Kronen rücken ihren Mittenbereich durch mehr Farbsättigung oder gänzlich abweichende Farbwahl in den Blick.

Optische Leitplanken

Dem gleichen Zweck dienen auch die mal zarter, mal kräftiger ausgeführten Strich- und Linienmuster auf den Kronblättern. Sie verlaufen bezeichnenderweise nicht völlig nach Belieben oder gar in konzentrischen Kreisen, sondern strenggerichtet zur Blütenmitte wie die Radspeichen zur Nabe. Damit werden sie zu enorm wirk-

Von links oben nach rechts unten:
Die schmucke Ehrenpreis-Blüte (*Veronica persica*) lenkt ihre Besucher mit zarten Strichmustern zur Blütenmitte.

Beim Stiefmütterchen (*Viola tricolor*) unterstützen starke Farbkontraste die Nahorientierung der Blütengäste.

Kontrast mit Staubblättern: Blüte der Himmelsleiter (*Polemonium coeruleum*).

Von der Seite sieht die Einzelblüte der Gefleckten Taubnessel (*Lamium maculatum*) aus wie ein weit sperrender Rachen. Formmerkmale lenken in diesem Fall die Blütenbesucher. Die große Unterlippe ist ein idealer Landeplatz für Bienen und Hummeln.

Die äußeren Blütenblätter der Deutschen Schwertlilie (*Iris germanica*) locken mit einer auffälligen Staubblattattrappe. Andere *Iris*-Arten führen hier ein Fleckenmuster von ähnlicher optischer Wirkung.

Die Karthäuser-Nelke (*Dianthus carthusianorum*) erreicht optische Auffälligkeit mit vergleichsweise bescheidenen Gestaltungsmitteln.

37

samen Wegweisern, die das Blütenzentrum mit seinen Nektar- und Pollenvorräten anzusteuern helfen.

Für diese besondere Signalfunktion werden mitunter auch die übrigen Blütenorgane in die Richtungs- und Gebrauchsanweisung einbezogen. Beispiele sind etwa gelbe Staubgefäße vor dem Hintergrund einer tiefblauen Blütenkrone; Küchenschelle, Akelei und Eisenhut arbeiten mit dieser Regieanweisung.

Duftende Teppiche

Das optische Signal reicht zum raschen Auffinden der Blütenmitte offenbar nicht immer aus. In solchen Fällen bietet die Blüte zusätzliche Richtungsweiser in Gestalt von Haar- und Borstenleisten an. Einrichtungen dieser Art gibt es beispielsweise bei den Blü-

Blüte des Wiesen-Storchschnabels (*Geranium pratense*) – eine komplizierte Welt im kleinen.

ten von Veilchen, Taubnesseln, Schwertlilien und anderen auf den ersten Blick vielleicht etwas unübersichtlichen Konstruktionen. Hier werden die gelandeten Insekten gleichsam auf einen Teppich gestellt, der sie in die zutreffende Richtung führt. Duftmarken unterstützen diesen optischen und mechanischen Besucherservice. Die Feinheiten der Duftproduktion bleiben unseren Sinnen jedoch weitgehend verborgen. Mit den Augen können wir zwar in etwa nachempfinden wie ein Insekt eine Blüte erlebt. Räumliche Duftunterschiede können wir an der Blüte nicht ausmachen. Mitunter haben wir schon Schwierigkeiten mit der

Urmotten (*Micropteryx calthae*) sind die einzigen pollenfressenden Schmetterlinge. In den Blüten der Sumpf-Dotterblume (*Caltha palustris*) werden sie üppig bewirtet.

Ein Blutroter Schnellkäfer (*Ampedus sanguineus*) hat sich zur Pollenmahlzeit auf Scharbockskraut (*Ranunculus ficaria*) eingefunden.

Feststellung, ob eine Blume überhaupt duftet oder nicht.
Jede Blüte duftet in einem typhaften, artspezifischen Bukett, an dem sich verschiedene Blütenregionen beteiligen. Für das blütenbesuchende Insekt ist eine ergiebige Parfümblume ein echt dufter Typ mit hohem Wiedererkennungwert. Zur Wahrnehmung der fein abgestimmten und manchmal kompliziert zusammengesetzten Duftkomposition besitzen die Insekten äußerst empfindliche Empfangsorgane. Sie riechen nämlich mit ihren langen Fühlern, die man geradezu als Stielnasen bezeichnen könnte.

Tips für die Praxis

* Welches Insekt besucht welche Blütenform? Auf Abhängigkeit von Rüssellänge und Kelchtiefe achten
* Pflanzen in Falter-, Hummel-, Käfer- und Fliegenblumen usw. einteilen; Tabelle anlegen
* Welche Insekten fliegen zu welcher Tageszeit (auch Jahreszeit), welche Insekten fliegen als erste im Jahr?
* Fliegen Bienen und Hummeln bei einem Sammelflug immer die gleiche Blumenart an? (Konsequenzen für Bestäubung?)
* Könnte man bestimmte Blütenteile oder -muster als Signalimitationen oder Attrappe verstehen?

Fliegende Pelztiere

Wären die Pollenkörner der Pflanzen glatt wie Pingpongbälle, gäbe es mit dem Transport von Blüte zu Blüte bestimmt Probleme. Die Natur hält jedoch auch für diesen wichtigen Funktionsbereich einige Patentlösungen bereit. Unter anderem sind die Pollenoberflächen mit besonderen Netz- und Leistenmustern ausgestattet, tragen dazu auch noch Stifte, Höcker oder sogar Dörnchen und sind – zumindest bei den tierblütigen Pflanzenarten – auch noch mit ölig-klebrigem Pollenkitt überzogen.

Auf der anderen Seite zeigen aber auch die blütenbesuchenden, nektarnaschenden und pollensammelnden Insekten allerhand Anpassungen. Völlig glattgewandete Blütengäste wären wohl weitgehend ungeeignet, um Pollen zu verschleppen. An ihnen würden vielleicht einige Pollenkörner kleben bleiben, beim Flug zur nächsten Blüte mutmaßlich aber wieder verlorengehen.

Das rasche Auf und Ab der Insektenflügel erzeugt im Chitinpanzer der Tiere ja Mikrovibrationen, die locker anhaftendes Material sofort abschütteln würden. Für eine wirksame Pollenübertragung müssen die Insekten dagegen richtige (Blüten-)Staubfänger sein. Tatsächlich erinnern Hummeln, Bienen, Schwebfliegen und die übrigen Insekten an Blüten durchaus an fliegende Bürsten: Rundum sind sie mit einem dichten, zum Teil sogar wollig erscheinenden Haarpelz besetzt, in dem sie die Pollen natürlich prächtig verstauen können.

Die Hummel zieht die Hose an

Hummeln sind verhältnismäßig schwerfällige Flieger, aber ganz emsige Blütenbesucher. Brummig gehen sie auf Suchflug. Nicht alle vorhandenen Blütentypen scheinen ihnen sympathisch zu sein. Sie bevorzugen ganz bestimmte Konstruktionen, beispielsweise Wiesen-Glockenblumen, Wiesen-Klee, Taubnesseln oder Wiesen-Salbei, jedenfalls Blüten, in die man hineinklettern oder zumindest den Kopf tief versenken kann.

Hummeln leben ausschließlich von Nektar und Pollen und sind neben den Honigbienen ungemein wichtige, in ihrer Bedeutung aber vielfach verkannte Bestäuber.

Wenn eine Hummel eine Blüte verläßt, hängt der Pollen in Mengen an den Hummelhaaren oder ist daran sogar richtig aufgespießt, denn die so glatt erscheinenden Körperhaare tragen winzige Widerhäkchen und Krallen. Beim Flug zur nächsten Blüte oder häufiger noch vor Ort beginnt eine akribische Putzaktion. Das erste der fünf Fußglieder am Hinterbein der Hummel ist auffällig vergrößert und ziemlich breit. Auf seiner Innenseite ist es dicht mit langen Haaren besetzt, die zum Ende hin dicht wie in einem Pinsel zusammenstehen. Mit dieser großflächigen Bürste fährt die Hummel sich durch den Pelz und kämmt dabei alle anhaftenden Pollenkörner aus – bis auf ein paar Reste am Kopf oder auf dem Rücken, die für die Bestäubung der nächsten Blüte(n) gebraucht werden. Im Flug arbeiten die beiden Hinterbeine wie beim Händewaschen gegeneinander und formen aus dem angereicherten Pollen eine teigige, meist goldgelb leuchtende Masse. Mit Hilfe eines langen Sporns wird das kleine Paket auf die Außenflanke des

Ackerhummeln (*Megabombus pascuo-rum*) am Nest. Bei dieser noch häufi-gen Hummelart finden sich mitunter interessante Farbvarianten.

Unterschenkels bugsiert und dort den Borstenhaaren aufgedrückt. Die Hinterbeine sind also gleich-sam der Stauraum, an dem das Sammelgut untergebracht wird. Die Pollenpäckchen werden bei den pollensammelnden Haut-flüglern auch als Höschen be-zeichnet. Etwa zehn Milligramm ist die Pollenzuladung schwer, und sie enthält je nach Tracht-pflanze bis zu einer Million Pollenkörner.

Zwergvölker in Mauselöchern

Besonders häufig begegnet man im Frühjahr der Erdhummel, gut kenntlich am schwarzen Pelz mit je einer gelben Querbinde auf Brust und Hinterleib sowie einem weißen Hinterleibsende. Die er-sten Hummeln der Saison sind fast immer Königinnen, die schon im Spätsommer des Vorjahres be-gattet wurden, an einer geschütz-ten Stelle (oft tief in der Erde) überwintert haben und nun auf der Suche nach einem geeigneten Nestraum sind. Oft wählen sie Baumhöhlen oder auch Mause-löcher und richten dort ihre Wohnung ein – mit weicher Pol-sterung aus Haaren, Federteilen, Pflanzenfasern oder Moos. Im freibleibenden Innenraum baut die Königin in Alleinarbeit kleine Gruppen von Wachsurnen, die nicht so exakt sechseckig ausfal-len wie die Wabenzellen der Bie-nen oder Faltenwespen. In den Gefäßen werden Nektarvorräte (Honig) und Pollen gespeichert. Außerdem legt die Königin in

41

manche Urnen gleich mehrere Eier – ein Sonderfall unter den sozialen Hautflüglern. Anfangs muß die Königin alle anfallenden Bau- und Pflegearbeiten selbst erledigen. Sie fliegt im Unterschied zur Bienenkönigin sogar noch auf Nahrungssuche. Nach einigen Wochen erhält sie jedoch Hilfe durch die schlüpfenden kleinen Arbeiterinnen. Später im Sommer entwickeln sich größere Arbeiterinnen und zuletzt große Jungköniginnen und Männchen (Drohnen). Das gesamte Hummelvolk besteht nur aus 100 bis 500 Tieren. Wenn im Herbst die Trachtquellen versiegen, geht das gesamte Volk zugrunde. Nur die Jungköniginnen überleben und gründen in der folgenden Saison einen neuen bescheidenen Hofstaat.

Ähnlich leben auch die übrigen Hummelarten.

Pollensammelnde Ackerhummel auf dem Blütenstand einer Flockenblume (*Centaurea jacea*, oben).

Wiesenhummeln (*Pyrobombus pratorum*) brechen gerne in Blüten ein. Das Lungenkraut (*Pulmonaria officinalis*) besuchen sie jedoch ganz regulär (rechts oben).

Die Feldkuckuckshummel (*Psithyrus campestris*) schmarotzt als Brutparasit fast ausschließlich bei der Ackerhummel (rechts unten).

Tips für die Praxis

✳ Eine Hummel beim Sammeln beobachten; wo befindet sich ihr Nest?
✳ Unterschiede zwischen Hummeln und Bienen beim Blütenbesuch beobachten
✳ Nektardiebstahl der Hummeln beim Beinwell beobachten.

42

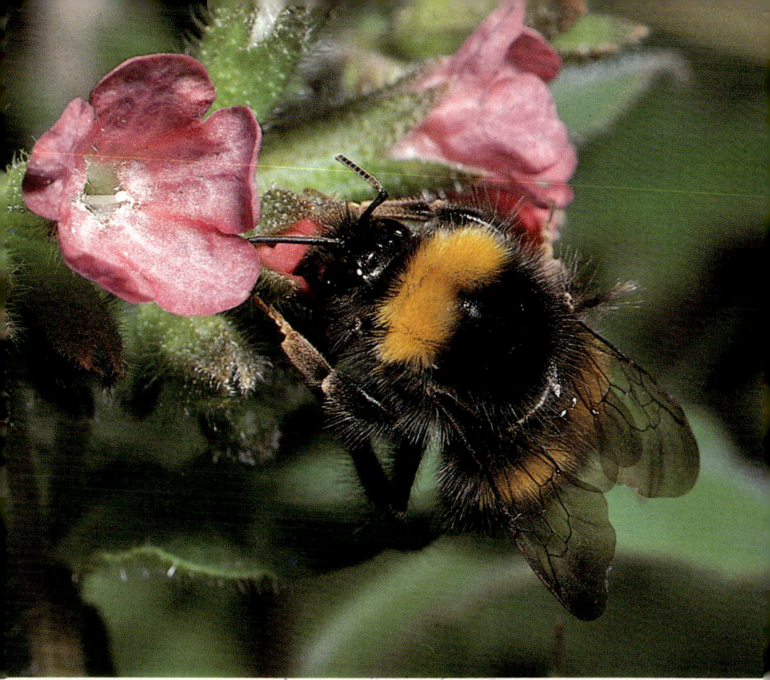

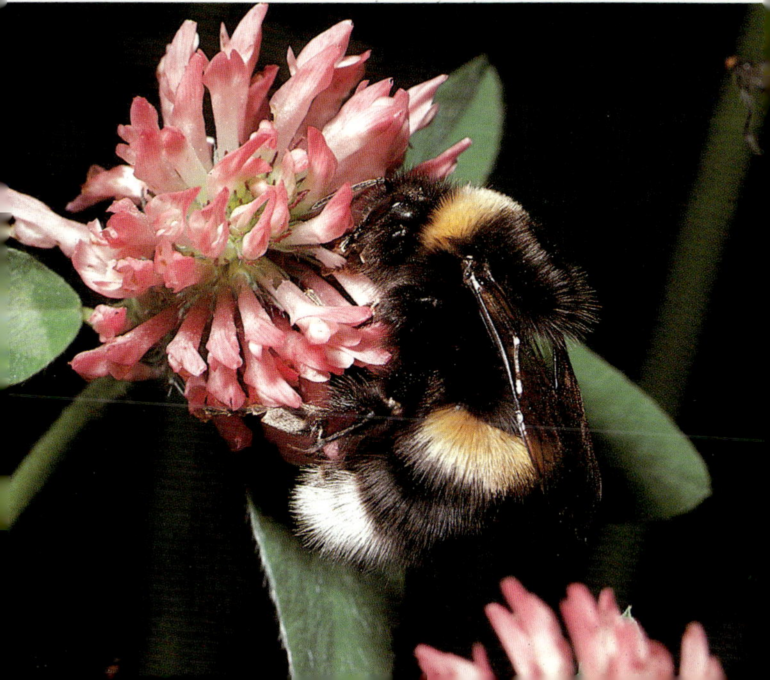

Leben auf allen Ebenen

Ein typischer Vorgartenrasen wird in kurzen Abständen immer wieder dem Erdboden gleichgemacht, enthält nur ganz wenige Pflanzenarten und bietet entsprechend auch nur einer sehr bescheidenen Fauna Lebensmöglichkeiten. Am ehesten wird man hier noch ein paar Rasenameisen auf ihren Pirschgängen beobachten können.

Welch ein Unterschied zu einer Wiese, auf der den Pflanzen die Entwicklungsmöglichkeiten nicht so rigoros beschnitten werden. Und wie jeder bunte Mischbestand aus mindestens ein paar Dutzend Pflanzenarten zeigt sie auch einen klaren, vielschichtigen Etagenaufbau. Zwar sind die einzelnen Stockwerke hier viel lichter und auch weniger geräumig als im Laubwald mit seiner reich gestaffelten Abfolge von den Baumkronen bis zur Moosschicht an den Gehölzwurzeln, doch zeigt auch die stauden- und blumenreiche Wiese bei aller Übersichtlichkeit mancherlei Anklänge an den Etagenaufbau des Hochhauses Wald. Eine blühende Wiese im ersten Hochstand ist, genau betrachtet, ein richtiger Mini-Dschungel, der die verschiedensten ökologischen Ansprüche zufriedenstellen kann.

Alle gegen alle

In einer dichtwüchsigen Wiese bleibt praktisch kein Raum ungenutzt. Schon der Bodenhorizont wird völlig raumnutzend und ohne jede Vergeudung besiedelt. Bestandslücken treten fast nicht auf, und wenn größere Tiere bei ihren Aktivitäten einmal Löcher in den Bodenbewuchs gerissen haben sollten, drängen in die entstandenen Freiräume sofort neue Be-

siedler ein. Durch Ausläuferbildung oder Samenverbreitung werden ständig neue Ansiedlungsversuche unternommen. Wo kräftige Individuen einen Raum bereits besetzt halten, können andere sich nicht mehr ansiedeln. Die Konkurrenz der Arten beginnt bereits auf der Ebene der Wurzeln im Boden. Manche Arten behaupten sich hier sogar mit chemischen Mitteln. Sie scheiden über die Wurzeln bestimmte Substanzen aus und verwehren anderen damit das Terrain. Die Konkurrenz setzt sich nach oben fort. Großblättrige Pflanzen der Mittelschicht einer Wiese wie der Wiesen-Storchschnabel, der Wiesen-Salbei oder der Frauenmantel stellen die kleinwüchsigen Konkurrenten aus der Unterschicht zumindest zeitweise sehr in den Schatten. Sie werden aber ihrerseits von den hochwüchsigen Arten der Oberschicht überstellt, beispielsweise von den oft meterhohen Doldenblütengewächsen und natürlich von vielen Wiesengräsern. Dazwischen finden sich auch immer wieder Emporkömmlinge, die das Halm- und Stengelgewirr der Konkurrenten ausnutzen, um sich wie Kleinstlianen ins rechte Licht hinaufzuhangeln. Vogel-Wicke, Wiesen-Platterbse und eigentlich auch der Wiesen-Hornklee recken sich auf diese Weise ganz erfolgreich in die Höhe.

Allerhand Annäherungsversuche

Im Gegensatz zu den Rank- und Kletterpflanzen suchen andere Pflanzenarten ausschließlich im Wurzelhorizont Kontakt: Die Zahntrost-, Augentrost- und Klappertopf-Arten zapfen mit ihren Wurzeln einfach andere

Sonnige, trockenwarme Hänge mit Doldenblütengewächsen sind der Lebensraum der Streifenwanze (*Graphosoma lineatum*, links).

Zu den zahlreichen in Wiesen lebenden Käfern gehört auch die etwas bizarr aussehende Art *Anostirus purpureus* (rechts).

Pflanzen (vor allem Gräser, aber auch ziemlich wahllos weitere Arten) an. An der Kontaktstelle bilden sich kleine, knöllchenartige Saugorgane, über die kleine Portionen von den Saftströmen des umworbenen Nachbarn für den eigenen Bedarf abgezweigt werden. Obwohl diese Pflanzen normalgrüne Blätter entwickeln und sich eigentlich völlig selbständig ernähren könnten, agieren sie im Untergrund als Parasiten – allerdings als ziemlich harmlose Zuschußempfänger. Eigenartigerweise ist diese Neigung zu vorsichtigem Wurzelparasitismus besonders ausgeprägt bei den Rachenblütengewächsen und den Leinblattgewächsen entwickelt. Sehr viel massiver leben die Sommerwurz-Arten auf Kosten ihrer Wirte. Diese Pflanzen sind völlig bleich, leisten keine eigene Primärproduktion und sind somit ausschließlich auf die Stofflieferungen ihrer sehr spezifisch ausgesuchten Wirte angewiesen. Aber selbst eine so umfangreiche Versorgung des völlig abhängigen Parasiten ertragen die Wirtspflanzen ohne sichtliche Vitalitätsverluste.

Stockwerkweise Untermieter

Eine Wiese ist mehr als eine gemischte Ansammlung grüner und

Stockwerkbau Wiese. Feucht: **1** Mädesüß, **2** Wiesen-Knöterich, **3** Großer Wiesenknopf, **4** Kohlweißling. Frisch: **5** Pastinak, **6** Kriechender Günsel, **7** Roter Wiesenklee, **8** Wiesen-Kerbel, **9** Wiesen-Flockenblume. Trocken: **10** Echtes Labkraut, **11** Kleines Habichtskraut, **12** Wiesen-Salbei, **13** Karthäuser-Nelke, **14** Wilde Möhre.

zuletzt blühender Pflanzen. Sie ist eine quicklebendige Lebensgemeinschaft aus Produzenten (Wiesenflora) und Konsumenten (Wiesenfauna). Entsprechend dem Stockwerk- oder Schichtaufbau der Wiese finden sich auch auf sämtlichen Ebenen charakteristische Arten ein.

Von den eigentlichen Untergrundbewohnern im Wiesenboden ist nur in Ausnahmefällen etwas zu sehen: Maulwürfe werfen beim Stollenvortrieb ihren Aushub auf. Bei genauerer Nachsuche entdeckt man auch die Eingänge zu den weitverzweigten Gangsystemen der Feldmäuse. Im Boden geht auch die Maulwurfsgrille auf Nahrungssuche. Sie macht beispielsweise Jagd auf kleine Bodenlebewesen, eventuell auch auf die Larven der Schnaken, die an Graswurzeln leben. Über Tage ist diese große Grille eigentlich nur selten einmal zu sehen. Auch die Feldgrille lebt in selbstgegrabenen Wohnröhren im Boden, die sogar bis 40 Zentimeter in die Tiefe führen können. Das übrige Heer der Bodenbewohner ist ziemlich winzig bis sehr klein, aber erstaunlich arten- und individuenreich. Je weniger man von den Organismen mit bloßem Auge erkennen kann, um so häufiger sind sie. Die Bakterien im Wiesenboden zählen beispielsweise schon nach Milliarden – zu sehen sind sie nur mit Hilfe eines guten Mikroskops. Die Bodenoberfläche und deren dünne Streuschicht ist die Domäne der räuberischen Laufkäfer, der eigenartigen Bodenwanzen und verschiedener Kleinschnecken. Ein paar Asseln, etliche Milben und Springschwänze sowie verschiedene Ameisen sind hier ebenfalls vertreten. Dieser Lebensraum wird natürlich auch von Arten aufgesucht, die eigentlich andere Schichten bevorzugen.

Die höheren Regionen

Im grünen Geäst der Gräser und Kräuter geht die Vielfalt erst recht weiter. Blattläuse haben ihre Saugrüssel in die Leitungsgewebe der Pflanzenstengel vertieft, um die süßen Saftströme teilweise für sich umzuleiten. Mit ihrer überwiegend grünen Farbtracht sind sie natürlich hervorragend getarnt, da man sie fast für Bestandteile der Pflanzen halten könnte. Dennoch werden sie an ihren Sitzplätzen von Läusejägern entdeckt, etwa von Marienkäfern und ihren Larven, die in Blattlauskolonien ganz unbarmherzig aufräumen.

Ähnlich wie die Blattläuse saugen auch viele Wanzen an Pflanzenstengeln oder Blättern. Wanzen schützen sich vor etwaigen Angreifern mit ziemlich übelriechenden Sekreten.

Auf der Sonnenterrasse

In der gesamten Mittelschicht der Wiese wird die Szene von Insekten mit relativ geringem Aktionsradius beherrscht, also überwiegend von Arten, die sich durch Saugen von Pflanzensäften oder Knabbern von Grünzeug ernähren. Neben der Armada der Blattläuse sind es Zikaden, Wanzen, Blattkäfer, Geradflügler und Schmetterlingsraupen. Hinzu kommen ihre Fraßfeinde, die die Pflanzenfresser beschleichen oder überfallen, beispielsweise Raubwanzen oder Schlupfwespen. Überwiegend leben in der Mittelschicht Dauermieter, wenn man die Aufenthaltszeit in der Krautschicht einmal an der relativ kurzen Zeitspanne eines Insektenlebens mißt.

Ganz anders im Blütenhorizont der Wiese. Die Blütenstände sind richtige Ausflugslokale mit ständigem Kommen und Wegfliegen.

Bei Erregung nimmt die Raupe des Schwalbenschwanzes (*Papilio machaon*) eine charakteristische Drohhaltung ein.

Im Gegensatz zur auffällig gefärbten Raupe ist die grüne Gürtelpuppe des Schwalbenschwanzes hervorragend getarnt.

Hier finden sich in erster Linie nur solche Insekten ein, die in den Blüten Nektar und Pollen holen. Außer den Hautflüglern wie Bienen und Hummeln, die schon fast die Hälfte der Blütengäste stellen, kommen Schwebfliegen, Schmetterlinge, Fliegen und Käfer – etwa in dieser Folge der Häufigkeit und jeweils nur mit kurzer Verweildauer. Als Ruhe- oder Schlafplätze sind die Blüten ungeeignet, denn man wird hier

für die Feinde zur leichten Beute. Die Nachtquartiere oder Unterstände bei trübem Wetter liegen deshalb unterhalb der Blütenschirme oder noch tiefer in der grünen Mittelschicht.

Tips für die Praxis

✱ Das Leben in einer Wiese vom Wiesenrand aus beobachten, Arten notieren
✱ Weißes Papier auf den Boden legen, Pflanzen schütteln, Insekten registrieren
✱ Einzelne Insekten im Glasröhrchen (Deckelglas) beobachten, freilassen!
✱ Mit dem Kescher über das obere Pflanzenstockwerk streifen (vorsichtig!) und Arten registrieren, mit Lupe betrachten, freilassen!
✱ Parasitische Pflanzen suchen (Klappertopf, Sommerwurz)

Sommer

Blüten in Aktion

Mit plakativen Farben, üppigen Formen und betörenden Düften laden die Wiesenblumen Insekten zum Verweilen und somit als Bestäuber ein. Solche Werbestrategien sind allerdings nur ein Teilbereich der Kooperation zwischen Blumen und Tieren. Damit eine Bestäubung auch tatsächlich zustande kommt, wird ein ganzes Arsenal weiterer Tricks eingesetzt.

Gespannte Verhältnisse

An Wiesenrändern und Wegrainen lohnt sich ein genauerer Blick auf die recht großen und hübschen Schmetterlingsblüten des Besenginsters, denn dort herrschen sehr gespannte Verhältnisse.

Während der Blütenentwicklung werden die Staubblätter im innersten Bereich der Blüte, dem Schiffchen, nach Art einer Uhrfeder aufgerollt, so daß sie schließlich unter kräftiger mechanischer Spannung stehen. Nun fliegt als Blütengast eine schwerfällige und vielleicht auch etwas tolpatschige Hummel heran. Sobald sie auf der Blüte ungeduldig herumtrampelt, schnellen die spiralig gerollten Staubblätter plötzlich hervor und verpassen dem Eindringling einen kräftigen Kinnhaken. Warum das Ganze? Der wenig freundliche Empfang ist ein raffinierter Mechanismus, um in möglichst kurzer Zeit möglichst viel Blütenstaub an das Insekt zu bringen. Pollentransport und -übertragung funktionieren ja nur im Wege einer Doppelbestäubung: Zuerst muß der potentielle tierische Pollenspediteur kräftig eingepudert werden, und dann erst kann er seine Pollenfracht auf einer anderen Narbe abstreifen.

Wie man Staub aufwirbelt

Zwei günstige Umstände erleichtern den zielgenauen Pollenversand: Erstens sind die Pollen etwas klebrig und daher von guter Haftwirkung. Andererseits tragen Bienen, Hummeln, Wollschweber und andere Blütengäste ein dichtes Haarkleid. Hinzu kommt, daß die Blüten mit allen Mitteln versuchen, die Pollenaufladung und Bestäubung ihres Besuchers zu erleichtern.

In manchen Blüten bringt es ganz einfach die große Masse. Beim Klatsch-Mohn oder bei den Hahnenfuß-Arten rieselt der Pollen aus zahlreichen Pollensäcken. Da die Insekten bei der Suche nach Nahrung mit den Blüten nur wenig zimperlich umgehen, werden sie beim Randalieren zwischen den Staubgefäßen automatisch eingepudert.

Gesang unter der Staubdusche

Normalerweise sind die Staubbeutel der Staubblätter so eingerichtet, daß die Pollenkörner schon bei leiser Berührung herausrieseln. Sie öffnen sich bei der Reife ja auf der gesamten Längsseite oder, speziell bei hängenden Blüten, nur an der Spitze. Oft sind die Staubbeutel auch an kleinen Scharnieren aufgehängt, damit sie schon bei vorsichtiger Berührung kräftig pendeln und dabei ihren Inhalt ausschütten. Sollten alle diese Möglichkeiten versagen, haben die blütenbesuchenden Insekten noch einen besonderen Trick, der gerade von Hummeln und Bienen sehr gerne eingesetzt wird. Fallen dem an Pollen interessierten Tier keine genügend großen Portionen entgegen, hilft es mit Beschallung nach. Dazu führen die Tiere eine sehr rasche Bewegung ihrer Flugmuskulatur durch, ohne indessen mit den Flügeln zu schlagen. Der Effekt ist ein sehr lautes, hochfrequentes Summen, dessen Vibrationen auf die Staubbeutel der besuchten Blüte übertragen werden. Das Ergebnis ist beeindruckend: In Sekundenschnelle sieht eine Hummel aus, als habe sie eine Pollenlawine losgetreten.

Gezielte Dosierung

Sinn fürs Praktische zeigen die kleinen blauen Blüten der Ehrenpreis-Arten. Hier sind die beiden Staubblätter im Vergleich zu den

Die uhrfederartig gespannten Blütenorgane des Besenginsters (*Sarothamnus scoparius*) schnellen bei der Blütenöffnung durch Hummeln hervor.

übrigen Blütenteilen eigentlich viel zu groß. Der Vorzug dieser Konstruktion wird deutlich, wenn man ein anfliegendes Insekt verfolgt: Die blaue Blütenkrone ist als Landeplatz reichlich knapp bemessen. Daher verwendet der Blütengast die beiden Staubblätter als Haltegriffe. Diese federn unter dem harten Zugriff notgedrungen nach und stäuben den Besucher beidseitig ein. Passenderweise öffnen sich die Pollensäcke auch zur Innenseite.

Die Mechanismen der Pollenaufladung sind ausgesprochen variantenreich. Beim Wiesen-Salbei gibt es beispielsweise eine Pollendusche mit Fußhebel. Wenn die hungrige Hummel in der Salbeiblüte nach Nektar fahndet, muß sie zwangsläufig an den Hebel stoßen, und sofort saust von oben eine Anzahl gut gefüllter Staubbeutel wie eine Klatsche auf die

Hummel herunter. Mit einem spitzen Grashalm, der vorsichtig in den röhrigen Teil der Salbeiblüte eingeführt wird, kann man das gesamte raffinierte Manöver nachstellen.

Beim Wiesen-Hornklee kann man eine ganz andere, aber sicher nicht weniger ausgeklügelte Technik der Pollenbefrachtung von Blütenbesuchern erleben. Die gesamte Einzelblüte des Hornklees funktioniert nach Art einer Tortenspritze. Die Spitze des Schiffchens funktioniert dabei als Tülle; darin geben die Staubbeutel ihren Pollen ab. Das landende Insekt drückt durch sein Eigengewicht das Schiffchen herab, so daß die langen Staubblätter in seinem Inneren wie ein Kolben arbeiten und den angesammelten Pollenvorrat zur Spitze hinausschieben. Zielbereich ist in diesem Fall die Bauchseite des Blütengastes. Bei der nahe verwandten Wiesen-Platterbse kann man sich davon überzeugen, daß Blüten auch das Funktionsprinzip einer Flaschenbürste kennen: Der lange Griffel ist sehr dicht mit Bürstenhaaren besetzt, die die Pollen aus dem oben offenen Schiffchen hinausfegen, sobald ein schweres Insekt gelandet ist. Alle diese raffinierten Konstruktionen beziehen immer das lebende, in der Blüte agierende Insekt sinnvoll in den gesamten Funktionsablauf mit ein. Ohne Besucher gibt es in den Blüten auch so gut wie keine gezielten Aktionen.

Wie der Rüssel gewachsen ist

Blüten sind offenbar außerordentlich praktisch konstruierte Gebilde mit vielerlei Anpassungen an einen bestimmten Bestäuberkreis. Trickreich läuft mit dem passenden Besucher das vielfach erprobte und optimierte Programm von Pollenfreisetzung,

54

Geöffnete Blüte vom Wiesen-Salbei (*Salvia pratensis*): An der Basis der langen Staubblattstielchen befindet sich ein leicht beweglicher Gelenkhebel (links oben).

Die Honigbiene (*Apis mellifica*) hat diesen Hebel betätigt und wird auf dem Rücken mit Pollen eingepudert (links unten).

Im Schwirrflug steht das Taubenschwänzchen (*Macroglossum stellatarum*) vor den Röhrenblüten der Kohl-Gänsedistel (*Cirsium oleraceum*) und saugt Nektar (rechts oben).

Ein Männchen der Grabwespe (*Gorytes campestris*) versucht, mit der Blüte der Fliegen-Ragwurz (*Ophrys insectifera*) zu kopulieren. Von einer anderen Blüte hat es bereits Pollenpakete (Pollinien) mitgebracht (rechts unten).

Pollenaufladung und Pollentransport bis zum Empfangsort Narbe ab. Manchmal werden aber auch die Blüten von den besuchenden Insekten überlistet.

Die röhrenförmigen Blütenkronen des Beinwells sind eigentlich nur für langrüßlige Hautflügler konstruiert. Arten mit kurzem Rüssel erreichen die wohlgefüllten Nektartöpfe am Blütengrund nicht – jedenfalls nicht auf dem vorgesehenen Wege durch den Blüteneingang. Einige Hautflügler mit relativ kurzem Rüssel, darunter einige Hummel-Arten, brechen daher seitlich in die Blüten ein: Sie beißen etwa in Höhe der Nektardrüsen ein Loch in die Kronröhre und gehen hier schlicht auf Nektarklau. Mit Pollentransport und Bestäubung ist es in solchen Fällen von Einbruchsdiebstahl nichts. Die Blüte hat das Nachsehen.

Mit ihrer Farbtarnung konnte die Krabbenspinne (*Misumena vatia*) – sie trägt eine Jungspinne auf dem Rücken – einen Distelfalter (*Vanessa cardui*) erbeuten (links).

Die gelbgrüne Variante der Krabbenspinne (*Misumena vatia*) wirkt im Gilbweiderich (*Lysimachia vulgaris*) wie ein Blütenbestandteil (rechts).

Wie man anderen eine klebt

Sollten Sie das Glück haben, einmal eine blühende Orchideenwiese zu erleben, müssen Sie unbedingt an der einen oder anderen Pflanze verharren, um vielleicht den Bestäubungsablauf verfolgen zu können. Bei unseren einheimischen Orchideen werden die Pollen nicht wie in anderen Blumen einzeln, sondern in geschlossenem Paket abgegeben. Der ge-

56

samte Inhalt eines Staubblattes bildet eine große Pollenladung, und die wird dem Blütenbesucher aufs Haupt geklebt. Sollten sich Hummeln oder Bienen an den Orchideenblüten zu schaffen machen und keulenförmige, hellgelbliche Gebilde wie Hörner auf dem Kopfe mit sich führen, hat ihnen beim letzten Blütenbesuch die betreffende Orchidee eine (Pollenmasse) geklebt. Bei einem der nachfolgenden Blütenbesuche wird sie auf der weiblichen Narbe verschmiert, und wieder ist die Bestäubung erfolgreich durchgeführt worden.

Gerade bei den Orchideen wird das Thema Bestäubung sehr nuancenreich gehandhabt. Manche Orchideen, beispielsweise die Ragwurz-Arten, täuschen potentiellen Blütenbesuchern ein paarungswilliges Weibchen ihrer Art vor und verströmen sogar dessen artspezifisches Lockparfum. Entsprechend werden solche Blüten nur von Männchen besucht.

Tips für die Praxis

* Bestäubungsmechanismus des Salbeis mit einem Stöckchen auslösen
* Bestäubungsmechanismus der anderen Blütenformen beobachten (auslösen)
* Orchideenbestäubung beobachten; welche Insekten fliegen die Ragwurz-Arten an?
* An Blüten lassen sich Insekten am besten fotografieren!

Eine Schwebfliege (*Sericomyia lapponica*) in auffälliger Wespentracht besucht eine Skabiosenblüte (*Scabiosa columbaria*).

Gerade für Schwebfliegen sind die Blüten der Wilden Möhre (*Daucus carota*) besonders attraktiv (unten).

57

Flatterhafte Wiesenfalter

Sonnentag am Trockenhang: Der Duft von Dost und Thymian und vielen anderen Pflanzen streicht durch die Luft. Es ist fast wie am Mittelmeer. Wo kleinflächig Böschungen, Randstücke, Abhänge, Gebüschraine oder Brachsäume der Intensivbewirtschaftung entgangen sind, breitet sich ab der zweiten Maihälfte bis weit in den Sommer hinein ein kunterbunter Blumenflor aus. Auch die noch nicht allzu stark aufgedüngten Futterwiesen des Berglandes gleichen jetzt einer planlos zusammengetupften Farbpalette. Zu den bunten Wiesenblumen kommen wie zur farblichen Abrundung des Gesamteindrucks die Wiesenschmetterlinge, je nach Wiesen- und Biotoptyp etliche Dutzend Arten.

Ungeregelter Flugverkehr

Schon von weitem kann man sie recht gut erkennen, denn viele tagaktive Falter sind relativ groß und zudem auch kontrastreich gefärbt. Auf der anderen Seite sind viele Arten auch keine allzu rasanten Flieger. Die Vertreter der Weißlinge, außer dem Zitronenfalter beispielsweise auch der Resedaweißling, die beiden Kohlweißling-Arten, der Rapsweißling oder auch Postillon und Goldene Acht bewegen sich zwar in einer bestimmten Richtung, aber durchaus nicht exakt geradlinig, sondern auf unregelmäßigem Zickzackkurs.

Ein wenig schneller sind da schon die Edelfalter, vertreten durch den Kleinen Fuchs, das Tagpfauenauge, den Distelfalter oder den Admiral. Sie bevorzugen eine etwas andere Flugbahn als die Weißlinge, mit ziemlich flachen Bögen und eingeschalteten Segel-abschnitten in gerader Linie. Sehr unruhig und geradezu flatterhaft fliegen beispielsweise Heufalter, Samtfalter und einige weitere Familienmitglieder des Augenfalter. Ihre Flugroute führt zwar geradlinig weiter, aber in vielen kleinen Schleifen und Bögen. Mit einiger Übung läßt sich somit die Artzugehörigkeit eines Tagfalters schon aus seinem Flugverhalten erkennen.

Jedem das Seine

Gewöhnlich sind die Schmetterlinge unterwegs, um Nahrung zu suchen. Selbst wenn sie als Raupe alle möglichen Blätter und Stengel, ja sogar Holz und Wurzeln benagt haben, benötigen sie als Falter eine völlig andere Spezialdiät: Mit ihren umgestalteten Mundwerkzeugen können sie nur noch Flüssignahrung zu sich nehmen. Die Nektarvorräte der Wiesenblumen kommen ihnen da sehr gelegen. Die verschiedenen Schmetterlingsarten treffen bei ihren Blütenbesuchen eine gewisse Wahl, suchen also nur die Blüten bestimmter Pflanzenarten auf, während sie an anderen völlig achtlos vorbeigaukeln. Diese Vorlieben können kein Zufall sein.

Machen Sie sich einmal die Mühe, eine Strichliste zu führen, welcher Falter auf welchen Blüten haltmacht. Sie werden feststellen, daß es offenbar sehr auf die Blütenarchitektur ankommt. Für Schmetterlinge sind eben nur bestimmte Blütentypen zugänglich. Unter Glocken- oder an Lippenblumen wird man Tagfalter so gut wie nie finden. Dagegen tummeln sie sich scharenweise an Blüten mit ausgebreiteter Krone (als Landeplatz) und enger, aber nicht

Ein besonders bedrohter Wiesenschmetterling ist der hübsche Ampfer-Dukatenfalter (*Palaeochrysophanus hippothoe*, links).

Blumenreiche, trockenwarme Wiesen sind der Lebensraum vieler Kleinschmetterlinge, darunter auch der Klee-Widderchen (*Huebneria trifolii*).

allzu langer Kronröhre. Blaue, gelbe und rötliche Blütenfarben werden klar bevorzugt, und außerdem sollten die Blüten weitgehend aufrecht stehen. Daher kommen auch viele Korbblüten in Frage. Typische Schmetterlingsblumen der Wiesenflora sind etwa Vergißmeinnicht, Wiesen-Schaumkraut, Wiesen-Bocksbart, Rote Lichtnelke, Kuckuckslichtnelke, Klappertopf, Witwenblume, Skabiosen, Flockenblumen oder sämtliche Distel-Arten.

Die Männchen sind so herrlich blau

Blumenbunte Wiesen, zumal solche der trockeneren Varianten, werden noch farbiger durch kleinere, leuchtend blaue Schmetterlinge, die Vertreter der artenreichen Familie Bläulinge. Ihre hübschen Blautöne gehen nicht auf richtige Pigmente zurück, sondern sind Strukturfarben infolge besonderer Lichtbrechung.

Tips für die Praxis

* Artentagebuch führen
* Raupen beobachten, bevorzugen Raupen bestimmte Pflanzen?
* Flugverhalten der Schmetterlinge beobachten, lassen sich Reviergrößen feststellen?
* Welche Pflanzen werden bevorzugt von Schmetterlingen besucht?

Lebensraum von Wiesenfaltern.
Feucht: **1** Blut-Weiderich, **2** Sumpf-Kratzdistel, **3** Sumpf-Schafgarbe, **4** Ochsenauge, **5** Scheckenfalter, **6** Distelfalter. Frisch: **7** Wiesen-Bärenklau, **8** Wiesen-Glockenblume, **9** Wiesen-Bocksbart, **10** Landkärtchen (Sommerform), **11** Kleiner Feuerfalter. Trocken: **12** Wiesen-Margerite, **13** Jakobs-Kreuzkraut, **14** Tauben-Skabiose, **15** Heufalter, **16** Goldene Acht, **17** Blutströpfchen.

Wiesengräser kennenlernen

Gräser sind in allen Wiesentypen die mit Abstand häufigsten bestandsbildenden Pflanzen. Sie sind darüber hinaus die Kennpflanzen des Kulturlandes schlechthin. In der heutigen Agrarlandschaft sind sie wirtschaftsbedingt eindeutig überrepräsentiert. Manche Gräser wie die Getreidearten werden in einjährigen Kulturen angebaut und beerntet – sie bilden schon seit Jahrtausenden den wichtigsten Eckpfeiler unserer Ernährung. Aber auch die Gräser des Wirtschaftsgrünlandes sind für die tägliche Ernährung ungemein wichtig: Wir konsumieren sie nur in veredelter Form als Milchprodukte oder Rindersteak. Gräser sichern also buchstäblich unser Überleben.

Auf breiter Basis

Gräser sind sicherlich wegen ihrer beachtlichen Nutzungsvielfalt in der Kulturlandschaft besonders erfolgreich, aber auch wegen ihrer im Vergleich zu anderen Pflanzen gänzlich andersartigen Wachstumsstrategien. Schon an der Stengelbasis verzweigen sich die Gräser ausgesprochen reichlich, weiter oberwärts dagegen überhaupt nicht mehr. Bleiben die von den Verzweigungsstellen aufsteigenden Grashalme ziemlich dicht beisammen, bildet sich ein Grashorst wie beim Knäuelgras und beim Pfeifengras. Sofern die Verzweigungen etwas weiter auseinanderrücken, kommt es zu rasenartigem Filz wie beim Weidelgras. Und schließlich können die Verzweigungen des Stengelgrundes auch ausläuferartig lang entwickelt werden und besonders raumgreifend in die Nachbarschaft streben wie beim Wiesen-Rispengras oder beim Straußgras. Ausläufer oder kürzere seitliche Grundachsen bewurzeln sich an den Knoten bei Bodenkontakt sehr rasch, so daß mit der Zeit ein ziemlich unübersichtliches System von Mutter-, Tochter- und Enkelkolonien entsteht. Wenn man einen Grashalm auszupft, hält man wohl in den seltensten Fällen eine einzelne, komplette Graspflanze in der Hand. Meist ist es nur ein von den weit verzweigten Grundachsen aufstrebender Teil eines Teils. Die Wachstums- und Erneuerungszonen liegen bei den Gräsern sehr geschützt tief am oder sogar im Boden. Trotz Schnitt oder Beweidungsverbiß wachsen Gräser immer wieder hoch – fast so, als sei nichts gewesen.

Es geht auch ohne Make-up

Unsere Gräser gehören zu den windblütigen Pflanzen. Sie schlagen ihren Pollen einfach in den Wind und lassen die lauen Sommerlüfte dafür sorgen, daß der Blütenstaub weit verbreitet wird, andere Blüten erreicht und deren Narben bestäubt. Mit Tieren wäre die Pollenversorgung anderer Blüten kaum zu schaffen: Dafür stehen im Grasland einfach zu viele Graspflanzen herum und auf der anderen Seite zu wenige Pollenspediteure zur Verfügung.
Wenn man ohnehin schon Massenwurfsendungen verschickt, ist eine unmittelbare Werbung für die einzelne Blüte gar nicht mehr nötig. Die Grasblüten sind daher unauffällig und nur auf das Wichtigste beschränkt. Anstelle bunter Blütenblätter benutzt die Grasblüte nur ein paar bescheidene Spelzen ohne besondere Aufmachung. Farbe wird äußerst spär-

62

Die voll erblühten Ährchen des Knäuelgrases (*Dactylis glomerata*) zeigen alle Bestandteile der Grasblüte.

Schönheit im Detail: Teilansicht der Ährenrispe des Wiesen-Fuchsschwanzes (*Alopecurus pratensis*).

lich eingesetzt, allenfalls als zartes Rouge über den gesamten Blütenstand verteilt oder als leichte Gelbtönung.

Während der gesamten Blüte- und Reifezeit verändert der Grasblütenstand sein Aussehen nur wenig. Nur ein paar Tage lang hängen die Staubbeutel weit aus den Ährchen heraus, um ihre Pollen in alle Winde zu zerstreuen.

Verschiedene Stilrichtungen

Auch wenn die Grasblüten selbst sehr dezent gestaltet sind, wirken die Gräser auch von der ästhetischen Seite her durchaus ansprechend, denn schließlich bauen sie ja sehr vielgestaltige und oft sogar sehr grazil aussehende Blütenstände auf. Deren unterschiedliche Architektur ist für das Erkennen der verschiedenen Arten sehr hilfreich.

Vom Aspekt her lassen sich wohl am einfachsten Ährengräser und Rispengräser trennen. Manche Grasähre ist aber in Wirklichkeit dennoch eine Rispe, weil ihre Ährchen auf sehr kurzen, ährig zusammengezogenen, aber verzweigten Seitenästen sitzen. Wenn man eine solche Scheinähre oder Ährenrispe U-förmig umbiegt, treten die Unterschiede zu einer richtigen Getreideähre klar hervor. In wenigen Fällen wie beim Hafer oder beim Perlgras sind die Blütenstände ausnahmsweise auch traubig organisiert.

Gräser nasser oder feuchter Wiesen

Rohr-Glanzgras

Wiesen-Lieschgras

Kammgras

Sumpf-Straußgras

Pfeifengras

Gräser frischer Wiesen

Wolliges
Honiggras

Knäuelgras

Englisches
Raygras

Wiesen-
Rispengras

Wiesen-
Fuchsschwanzgras

Gräser der trockeneren Wiesen

Wiesen-Schwingel

Gemeine Quecke

Trifthafer

Goldhafer

Flaumhafer

Gräser der **Trockenrasen**

Weiche Trespe

Zittergras

Aufrechte Trespe

Geschlängelte Schmiele

Schaf-Schwingel

Es liegt was in der Luft

Wenn die Wiesenblumen blühen, verbreiten sie die Nachricht darüber in alle Winde. Entweder verströmen sie Fahnen blumiger Düfte, oder sie setzen Unmengen von Pollenkörnern in Bewegung, die die Nase ebenso zuverlässig erreichen. Normalerweise bleibt ihr Eintreffen jedoch unbemerkt. Pollenallergikern stechen sie dagegen gewaltig in der Nase und lösen auch sonst im Bereich der Atemwege und Bindehäute unangenehme Symptome aus. Heufieber lautet dann die landläufige Diagnose, ein Begriff, der ebenso irreführend wie unzutreffend ist.

Die Ähre der Gemeinen Quecke (*Agropyron repens*) hat ihre gelben Staubbeutel in den Wind gehängt.

Denn mit Heu hat die Pollenallergie fast gar nichts und mit Fieber relativ wenig zu tun.

Perfekte Miniaturisierung

Pollenkörner sind eine besonders raffinierte Erfindung der höheren Pflanzen. Ihr biologischer Auftrag besteht darin, die männlichen Geschlechtszellen zu produzieren und sie zur weiblichen Eizelle in den Samenanlagen zu bringen. Bei den Moosen und Farnen werden dazu Sporen entwickelt, die ihrerseits ein selbständiges Pflänzchen, Gametophyt genannt, hervorbringen. Bei den Blütenpflanzen ist dieser Abschnitt aus dem normalen Entwicklungsgang sehr stark vereinfacht. In den Pollenkörnern erinnern an den ursprünglich selbständigen Gametophyten nur noch ein paar spärliche Zellen. Die Miniaturisierung ist also perfekt. Ohne Funktionseinbuße arbeitet aber auch ein auf ganz wenige Zellen beschränktes Pollenkorn genauso präzise. Pollenkörner sind das einzige Mittel, mit dem höhere Pflanzen auch über größere Entfernungen hinweg genetische Informationen austauschen können. Folglich müssen die Pollenkörner klein, leicht und sehr handlich sein. Die Sammelbezeichnung Blütenstaub trägt diesem Umstand weitgehend Rechnung: Etwa 5000 bis 10 000 einzelne Pollenkörner finden auf einem Stecknadelkopf bequem Platz, und etwa dreihundert Millionen Stück wiegen gerade ein Gramm.

Flaschenpost durch die Luft

Die in unglaublichen Menger umherdriftenden Pollenwolker

Eines der schönsten Wiesengräser ist das Wollige Honiggras (*Holcus lanatus*).

sind Bestandteil der Bestäubungsstrategie der windblütigen Pflanzen: Der Wind ist – anstelle von Insekten – das Verbreitungsmittel, mit dem die Entfernungen zwischen sendendem Staubbeutel und empfangender Narbe zurückgelegt werden.
Dieses Versandverfahren erinnert durchaus ein wenig an die Flaschenpost, denn eine zielgenaue Adresse ist dabei nicht möglich. Nur durch Erhöhung der Pollenzahl je Einzelblüte (bei den Gräsern bis zu 75 Millionen je Einzelpflanze) und Vergrößerung der Empfangsorgane, etwa durch fiederförmige Auffächerung, wird die Trefferwahrscheinlichkeit enorm erhöht.

Klein, aber fein

Die staubfeinen Abmessungen der Pollenkörner täuschen darüber hinweg, daß ihre Oberflächen einen enormen Differenzierungsreichtum aufweisen. Pollen sind längst nicht alle rund wie eine Billardkugel und in den meisten Fällen auch gar nicht so glatt. Fast hat man den Eindruck, die Natur habe hier einmal modellhaft ihren gesamten Variantenreichtum erprobt.

Tips für die Praxis

✳ Pollenkörner unter dem Mikroskop studieren
✳ Narbe mit Pollen unter dem Mikroskop betrachten
✳ Grasblüten mit Lupe betrachten, mit Makroobjektiv fotografieren

69

Ein starkes Stück

Die langen Halme unserer Gräser sind sehr bemerkenswerte Konstruktionen. Eigentlich weiß man zunächst überhaupt nicht, worüber man mehr staunen soll, über die schlanke, ausgesprochen grazile und elegante Gestalt des Halmes oder über seine beachtliche Tragfähigkeit. Grashalme können bei einigen Arten durchaus über einen Meter hoch werden. Trotz dieser Wuchshöhe ist der Halm an der Basis nur ungefähr drei Millimeter dick. Sein Schlankheitsverhältnis liegt also im Bereich von etwa 1:400. In technische Dimensionen übersetzt bedeutet dies, daß Fernsehtürme, Fabrikschornsteine oder andere himmelstürmende Bauten bei hundert Metern Höhe an der Basis allenfalls 25 Zentimeter Durchmesser aufweisen dürften. Aus statischen und konstruktiven Gründen ist ein solches Gebilde fast nicht denkbar. Es könnte wohl kaum freitragend stehen, einmal abgesehen davon, daß es mechanischen Belastungen nicht standhalten könnte. Der simple Grashalm ist offenbar den besten Ingenieurleistungen ein gutes Stück voraus.

Rank und schlank

In günstigen Fällen weisen technische Bauten wie Lampenmasten, Antennentürme, Fabrikschlote oder Brückenpfeiler ein Schlankheitsverhältnis um 1:50 auf. Sie lehnen sich zwar im Aussehen an die konstruktiven Merkmale eines Grashalmes an, ohne indessen seine besonderen Qualitäten ganz zu erreichen. Zu bedenken ist ja auch, daß der Halm zur Reifezeit der Gras- oder Getreidepflanze eine ganz schön schwergewichtige Ähre oder ausladende Rispe zu tragen hat, unter dieser Belastung aber dennoch nicht zusammenbricht oder wegknickt.

Wie ist es möglich, daß ein Halm so schlankwüchsig und dennoch so unverhältnismäßig stabil beziehungsweise tragfähig ist? Seine eindeutigen statischen Vorzüge müssen wohl mit den verwendeten Baumaterialien zusammenhängen.

Bei einem langen, dünnen Ast eines Baumes ist die Sache auf den ersten Blick klar: Der Ast ist stand- und biegefest, weil er durch und durch aus Holzgewebe besteht. Holz besteht aus dem Naturstoff Lignin, einem räumlich vernetzten Makromolekül, das aufgrund seiner besonderen Bauweise Druck- und Zugkräften ganz besonders gut widerstehen kann. Auf mechanische Belastungen reagiert ein Ast ebenso wie eine Holzlatte mit elastischer Verformung. Es müssen schon verhältnismäßig große Kräfte einwirken, ehe das Material bricht.

Wie ein Rohr im Wind

Beim biegsamen Grashalm ist ein anderes Konstruktionsverfahren angewandt worden, von dem unsere Technik ebenfalls gelernt hat. Wenn man einen Halm in Längsrichtung aufreißt, ist festzustellen, daß seine dünne Wand von mehreren feinen Fasersträngen durchzogen wird. Diese fadenfeinen Gebilde sind die Stoffleitbahnen, durch die die höheren Regionen der Pflanze mit Wasser und Nährstoffen aus dem Boden versorgt werden. Sie werden von einer harten, ebenfalls aus Lignin bestehenden Ummantelung besonders geschützt. Das aussteifende, mechanisch feste Material

Für die Statik des Grashalmes kommt dem Knotenbereich eine besondere Bedeutung zu. Hier setzen auch die einzelnen Blätter an.

Halm im Längsschnitt: Der Stengelknoten ist aus sehr kompaktem Gewebe aufgebaut.

ist beim Grashalm also auf mehrere parallel verlaufende Bänder verteilt worden.
Und noch eine Besonderheit fällt dabei auf: Alle verholzten Verstärkungsbänder liegen im Halm ganz weit außen, beinahe unmittelbar unter seiner Oberfläche. Gerade diese Anordnung verspricht eine besondere Biegefestigkeit. Halme können daher im Wind enorm schwanken, ohne gleich umzuknicken, weil die zahlreichen Verstärkungsbänder die auftretenden Zugkräfte ganz

hervorragend auffangen. Würde man alle Verstärkungsbänder des hohlen Halmes zu einer einzelnen, zentralen Säule zusammenfassen, käme nur etwa ein Zwanzigstel der tatsächlichen Biege- und Bruchfestigkeit zustande. Die spezielle technische Raffinesse besteht also darin, alle festigenden Bestandteile möglichst weit in die Randbereiche zu verlagern. Bauingenieure verfahren übrigens ganz ähnlich: Wenn schlanke Rundtürme oder ähnliche Bauwerke konstruiert werden, liegen die Festigungsteile aus Baustahl im Beton möglichst weit peripher.

Material gespart

Durch diese Anordnung wird die Mitte eines Grashalmes von allen statischen, tragenden Aufgaben befreit. Er kann deswegen auch

71

Eine himmelstrebende Halmkonstruktion benötigt auch eine sichere Verankerung: Etagenwurzeln des Glatthafers (*Arrhenaterum elatius*).

ohne Verlust an Funktionalität auf weiten Strecken einfach hohl sein, womit die Pflanze zusätzlich noch Material einspart. Nur ab und zu sind in die Halme kleine Zwischengeschosse eingelassen: Es sind die als Knoten bezeichneten Stellen, an denen jeweils auch die Grasblätter einzeln ansitzen. Oberhalb eines jeden Knotens befindet sich (übrigens im Unterschied zu den meisten anderen Pflanzen) ein wachstumsfähiges Gewebe, dessen einzelne Zellen weitgehend unspezialisiert geblieben sind. Man erkennt es von außen an seiner helleren Färbung. Gerät ein Halm durch Unwetter

oder unliebsame Konkurrenten doch einmal in bedrohliche Schieflage, kann einseitiges, verstärktes Wachstum oberhalb der Knoten den lebenden Turm wieder aufrichten. Dabei werden hydraulische Kräfte wirksam, vor denen ein Ingenieur ebenfalls eine Menge Respekt haben müßte. In den Knotenregionen setzen die verholzten Verstärkungsfasern aus. Gerade die wachstumsfähigen Stellen sind darum diejenigen Bereiche am Halm, die am wenigsten zugfest sind. Durch ein einfaches Experiment kann man sich von diesen Konstruktionsverhältnissen überzeugen: Zieht man einmal sehr kräftig an einem Halm, so wird er immer nur kurz oberhalb eines Knotens reißen, aber kaum auf freier Strecke zwischen zwei Knoten.

Beim Längenwachstum eines Grashalms sind alle Wachstumszonen beteiligt. Ihre Teilungs- und Streckungsaktivitäten summieren sich somit zu den beachtlichen Wachstumsgeschwindigkeiten der Gräser: Bei feuchtwarmem Wetter verlängert sich ein Halm um einen Millimeter in der Stunde – fast viermal mehr als andere Pflanzen. Jede Woche wächst eine Wiese etwa um eine Handbreit in die Höhe.

Tips für die Praxis

* Wachstumsgeschwindigkeit: Stab mit Meßskala neben junges Gras stellen, regelmäßig protokollieren, verschiedene Arten vergleichen
* Querschnitt eines Grases mit Lupe betrachten, zeichnen
* Feld nach Gewitterregen: Beobachten, wie sich das Getreide in den nächsten Tagen wieder aufrichtet

Liebenswerte Streuobstwiese

Die hochreichenden Baumkronen des Waldes sind der Lieblingsplatz zahlreicher Vögel. Die Wiese langt meist nur knapp über die Ein-Meter-Marke hinaus und ist eher der Tummelplatz der Insekten. Die Baum- oder Obstwiese ist jedoch eine Mischung aus beidem: Hier können die Vögel am Boden und die Insekten in Baumkronen leben. Kein Wunder also, daß es hier besonders hoch hergeht. Früher grenzte die Feldflur noch nicht unmittelbar an die Dörfer. Die dörfliche Siedlung umgab sich zunächst einmal mit einem breiteren Kranz von bunten Bauerngärten, von denen jeder für sich bereits ein Muster an Vielfalt auf kleinstem Raum war. An diesen Gürtel der Gemüse-, Gewürz-, Arznei- und Blumengärten in enger Nachbarschaft zu Haus und Hof schloß sich ein Band mit Obstgärten an. In manchen Gegenden zog sich ein nahezu geschlossener Kreis solcher Obstbaumbestände um das dörfliche Siedlungs- und Gartenland. Erst dann ging es über gehölzbesäumte Wirtschaftswege in die freie Feldflur mit ihren Futter- und Mähwiesen, dem Akker- und Weideland oder den eingestreuten Heckenzeilen und Feldholzinseln. Dieses Bild der abwechslungsreichen Kulturlandschaft ist leider weitgehend Vergangenheit.

Bedrohte Biotope

Weil Obstbäume nützlicher erscheinen als Feld- und Flurgehölze, blieben die Baumwiesen selbst in der modernen Agrarlandschaft noch relativ lange erhalten. Vor gar nicht allzu langer Zeit wurden die Obstbaum-Grüngürtel, die bis dahin zum typischen Erscheinungsbild vor allem der Mittelgebirgsdörfer gehörten, gewaltig gelichtet: Mehr als eine Million Obstbäume wurden allein in der Bundesrepublik Deutschland mit EG-Subventionen planmäßig gerodet! Andere dorfnahe Obstwiesen verschwanden durch Nutzungsaufgabe, Flurbereinigung, Umwandlung in Kleingartengelände oder Ausweisung als Neubaugebiet. Kurz: Die schönen, alten Obstwiesen sind ein Biotoptyp, der innerhalb kurzer Zeit auf die Rote Liste der bedrohten Lebensräume geriet.

Die modernen Niederstammdichtpflanzungen in geschlossenen, geradlinigen Zeilen und Blöcken haben mit der traditionellen Obstwiese überhaupt keine Ähnlichkeit mehr. Der sogenannte Streuobstbau verwendete nämlich keine schwachwüchsigen Unterlagen, die nicht einmal eine mittelmäßig entwickelte Krone tragen können, sondern hochstämmige, großkronige Obstbäume von mindestens 160 Zentimeter Stammhöhe. Diese Bäume wurden in Gruppen oder kleineren Reihen mit größerem Abstand untereinander gepflanzt oder auch ganz einfach ganz locker über das Kulturland (meist eine Futter- oder Weidewiese) gestreut. Jeder Baum dieser Streuobstpflanzungen konnte sich als Individuum mit großer, rundlicher Krone entwickeln und war als solches auch in der Landschaft erkennbar. Gerade das dorfnahe Umland erhielt durch seine Obstbaumgruppen einen landschaftsästhetisch nicht zu unterschätzenden Charakter – abwechslungsreich in der Gestaltung, wohltuend in der durchgliedernden Wirkung und zu allen Jahreszeiten in einem anderen

Streuobstwiese. 1 Gartenschläfer, **2** Brauner Bär, **3** Blindschleiche, **4** Spitzwegerich, **5** Gartenspitzmaus, **6** Taubenschwänzchen, **7** Weiße Taubnessel, **8** Raupen des Kleinen Fuchs an Brennessel, **9** Hahnenfuß.

farblichen Gewande. Die wechselnden Akzente vom ersten Ergrünen über das spektakuläre Erblühen oder das sommerliche Schattengrün bis hin zum herbstlichen Fruchtschmuck lassen die Jahreszeiten viel ausdrucksstärker miterleben, unterstützt durch die häufigen Aspektwechsel in den Wiesen unter den Bäumen.

Jeder Baum ein Lebensraum

Die Stockwerkfolge einer Obstwiese vom Wurzelhorizont der Gräser und Kräuter bis in die Kronenspitzen der Kern- und Steinobstgehölze bietet natürlich vielerlei Wohnungen und kann somit die unterschiedlichsten Ansprüche zufriedenstellen. In einer Streuobstwiese kann man daher mit einer Fülle von Bewohnern und Besuchern rechnen. Eine Auflistung aller Arten, die hier

Attraktiv zu allen Jahreszeiten: Streuobstwiese im frühherbstlichen Fruchtschmuck.

erwartet werden können, würde ungefähr zwanzig Seiten dieses Buches füllen. Um ein Bild der Reichhaltigkeit zu bekommen, wollen wir nur einige Arten(gruppen) etwas genauer in den Blick nehmen.
Die Schmetterlinge sind beispielsweise mit Flechteneule, Flechtenrindenspanner, Winkelspanner, Schlehenspinner, Ringelspinner, Apfelbaumglasflügler, Pflaumenglucke, Blausieb, Apfelblattmotte, Abendpfauenauge, Schlehenzipfelfalter, Frostspanner und... und... vertreten. Die Raupe des Baumweißlings, eines fast schon ausgestorbenen

76

Hornissen (*Vespa crabro*), im Gegensatz zu ihrem Ruf ausgesprochen friedliche Vertreter der Faltenwespen, haben sich in einer Obstbaum-Asthöhle wohnlich eingerichtet.

Tagfalters, lebt besonders gerne an Kirsch- und Pflaumenbäumen – ganz im Gegensatz zu ihren Verwandten, die sich überwiegend auf Kreuzblütengewächse spezialisiert haben. Auch der Große Fuchs entwickelt seine Nachkommenschaft gerne an Obstgehölzen. Früher galt er sogar einmal als Schädling von Obstkulturen. Heute gehört er zu den am meisten gefährdeten Arten unserer Falterfauna. Dieses Schicksal teilt er mit dem hübschen Nierenfleck, der Pappelglucke und etlichen anderen Arten.

Bei den Käfern geht es ebenfalls bunt und artenreich zu. Sie zeigen sich etwa mit Pflaumenbock, Purpurbock, Junikäfer, Zierbock, Grünrüßler, Widderbock, Augenfleckbock, Holzbohrer, Wespenbock, Birnbaumprachtkäfer, Apfelblütenstecher, Birnenknospenstecher, Marienkäfer, Puppenräuber und einer ganzen Garnison leuchtend bunter oder metallisch schillernder Blattkäfer.

Alle leben vom Überfluß

Schon bei den verschiedenen Insektengruppen sind die unterschiedlichsten Ernährungstypen vertreten: Es gibt Pflanzenfresser, die Blattwerk, Rinde, Holz oder Früchte benagen, oder auch räuberische Arten, die wiederum die Pflanzenfresser in Schach halten. Oft ernähren sich die Larvenstadien und die erwachsenen Insekten völlig unterschiedlich. Die Raupen der Schmetterlinge be-

Der Baumweißling (*Aporia crataegi*) ist infolge Insektizideinsatzes aus der Fauna der Obstwiesen fast vollständig verschwunden.

draußen im freien Obstgarten machen sie sich gerne über gärendes Fallobst her.

Eine feine Gesellschaft

Neben den sogenannten Niederen Tieren, den scharenweise und artenreich auftretenden Würmern, Schnecken, Spinnen, Asseln, Milben oder Insekten, kommen in der Obstwiese selbstverständlich auch Wirbeltiere vor, darunter vor allem die Vögel. Von gelegentlichen Besuchern wie Rebhuhn, Fasan, Ringeltaube, Rabenkrähe, Elster oder Beutegreifern wie Sperber und Bussard einmal abgesehen, ist die Streuobstwiese Brutplatz vieler Arten: Etliche Meisen, dazu auch Kleiber, Gartenbaumläufer, Gartenrotschwanz oder Grauschnäpper richten sich in ausgefaulten Astlöchern oder anderen Höhlen wohnlich ein, soweit sie nicht freistehende Spechthöhlen als Nachmieter übernehmen. Frei im Geäst befinden sich die kunstvoll konstruierten Nester von Buchfinken, Grünlingen, Gelbspötter, Stieglitz oder Schwanzmeise. Sehr nahe am Boden, geschützt zwischen Hochstauden, Gestrüpp oder Grashorsten, brüten Rotkehlchen, Grauammer, Baumpieper, Zilpzalp, Gartengrasmücke oder sogar das Braunkehlchen. Alle diese Singvogelarten sind eifrige Insektenfresser und helfen durch ihre rührige Brutfürsorge, die komplexe Lebensgemeinschaft im Gleichgewicht zu halten.

vorzugen Grünzeug, während die Falter sich nur noch auf Blüten einfinden und Nektar naschen. Bienen und Hummeln leben während sämtlicher Entwicklungsstadien nur von Blütenprodukten. Wespen und Hornissen, ebenfalls Vertreter der Hautflügler, sind dagegen geschickte Jäger, die andere Insekten überfallen und verzehren. Auch ihre Larven erhalten bereits tierische Kost. Dies schließt jedoch nicht aus, daß sie als erwachsene und flugfähige Tiere zumindest zeitweise einmal richtig schlemmen gehen: Die Vorliebe gerade der Wespen für den frisch servierten Pflaumenkuchen kennt jeder, und auch

Was wäre eine richtige Streuobstwiese ohne ihre Kleinsäuger. Nicht nur Eichhörnchen und Igel, Iltis, Hermelin und Steinmarder finden sich hier gerne ein. Auch eine Reihe anderer und zum Teil schon sehr selten gewordener Tiere betrachten die Obst- oder Baumwiese als ideales Jagdrevier für ihre überwiegend nächtlichen Streifzüge. Garten- und Feldspitzmaus, Zwergfledermaus und Rauhhautfledermaus, Abendsegler und Bechstein-Fledermaus sind auf diesen Lebensraum mit seinem Insektenreichtum besonders angewiesen.

Ein Paradies aus zweiter Hand

Schon immer haben die Ökologen betont, daß Streuobstwiesen zu den wenigen vom Menschen geschaffenen Lebensräumen gehören, die dem bedrohlichen Artenrückgang in der intensiv bewirtschafteten Agrarsteppe nach Kräften entgegenwirken können. Eine Wiese mit extensiv genutztem altem Baumbestand ist sozusagen eine Ökoinsel, ein Trittstein im Gefüge der wenigen verbliebenen naturnahen Landschaftsbestandteile. Insofern kann man sich nur kopfschüttelnd abwenden, wenn die Kettensäge ansetzt und wieder einmal ein alter Obstbaum krachend umgelegt wird.

Tips für die Praxis

✱ Eine Streuobstwiese über mehrere Jahre beobachten
✱ Gibt es in den Obstbäumen Höhlen, sind diese bewohnt, von welchen Vogelarten? Wechseln die Bewohner über die Jahre?
✱ Artenliste der Vögel dieser Wiese aufstellen
✱ Aktiver Schutz der Streuobstwiese z. B. über örtliche Naturschutzgruppen

Im offenen Gelände der Streuobstwiese geht auch der Igel (*Erinaceus europaeus*) gerne auf Pirsch.

Größere Asthöhlen von Obstgehölzen werden gerne vom Steinkauz (*Athene noctua*) bezogen.

79

Tankstellen tausendfach

Wiesen-Kerbel und Wiesen-Kümmel, Wilde Möhre und Große Bibernelle haben schon recht große weiße Dolden. Noch imposanter ist jedoch der Rekordhalter unter den heimischen Wiesenpflanzen, der Wiesen-Bärenklau. Wenn die bis 160 Zentimeter hohe Pflanze in Blüte steht, erhält die Wiese ein abschließendes, oberstes Stockwerk. Etwa 10 bis 15 Zentimeter breit werden die leicht gewölbten Blütenstände, die jeweils als doppelte oder zusammengesetzte Dolde aufgebaut sind. Jede Dolde besteht aus ungefähr 15 bis 20 Doldenstrahlen, von denen jede am freien Ende ein Döldchen mit fast zwei Dutzend Einzelblüten trägt. In einer besonders üppig geratenen Dolde können somit fast 500 Einzelblüten zusammengefaßt sein. Da eine kräftige Pflanze immer mehrere Dolden entwickelt, läßt sich leicht abschätzen, welche Blütenmengen hier gleichzeitig im Einsatz sind.

Ganz in Weiß

Die einzelne Blüte ist dabei eher unauffällig. Erst durch eine große Anzahl Blüten erreicht die Doldenpflanze optische Wirksamkeit. Die Doppeldolde verdankt ihre Auffälligkeit einem zusätzlichen optischen Trick. Die außen stehenden Kronblätter jeder Einzelblüte und jedes Döldchens sind immer größer als die zur Doldenmitte weisenden. Geradezu übertrieben wirken die ganz außen am Doldenrand sitzenden Kronblätter. Der Sinn dieser dekorativen Maßnahme ist klar: Die gesamte Dolde soll eben aussehen wie eine einzige Superblume.

Eine schöne Bescherung

Eine große Doppeldolde wirkt natürlich auch auf Insekten nahezu unwiderstehlich, zumindest für diejenigen, die gerne auf flache, weiße Blüten(stände) einfallen. Bei den Doldenblütengewächsen finden sie dabei eine einladende Ebene vor, auf der sie prächtig und ohne Mühe herumspazieren können. Auf ihrer Landebasis wartet eine besondere Überraschung auf sie: Während sie sonst tief in die Blüten eintauchen müssen, um irgendwo am Blütenboden oder gar in einem Hinterzimmer die saftspenden-

Rosenkäfer (*Cetonia aurata*) ernähren sich hauptsächlich von Pollen und Nektar.

Außer dem Wespenbock (*Plagionotus arcuatus*) und ein paar Fliegen haben sich auf der Dolde des Bärenklaus (*Heracleum sphondylium*) zahlreiche Schwebfliegen eingefunden.

den Nektardrüsen zu finden, gibt es bei den Doldenblütengewächsen mit dem Aufspüren der Nektarvorräte überhaupt keine Probleme. Die Nektarspender liegen nämlich als rundliches Polster auf dem Fruchtknoten und direkt unterhalb der beiden Griffel.

Vortäuschung falscher Tatsachen

Unter den häufigen Gästen der Doldenblütengewächse findet man fast immer etliche Fliegen. Mindestens ebenso häufig stellen sich aber auch bestimmte Käfer-Arten ein, darunter mehrere Dutzend Weichkäfer, deren schwach

chitinisierte Flügeldecken grauschwarz, orangerot oder gelblich gefärbt sind. Viele andere blütenbesuchende Käfer gehören zur Familie der Böcke. Bei manchen Arten der Blütenböcke sind die Flügeldecken hübsch rötlich gefärbt. Bei der Gattung *Strangalia*, deren Larven in Rinde und Holz leben, trägt die Oberseite ein Muster mit gelb-schwarzen Querbinden. Auf den ersten Blick erinnern diese Tiere an die furchteinflößende Warntracht der Wespen.

Tips für die Praxis

✳ Welche Insekten besuchen bevorzugt Doldenblüten?
✳ Wie viele Besucher hat eine Blüte pro Stunde?
✳ Unterscheidungsmerkmale der verschiedenen Doldenblütler herausfinden (Blüte, Blattform, Wuchsform, Frucht)

81

Das Lied der Grille

Sängerwettstreit in der Wiese: An trockenwarmen Sommertagen wird das Grasland auch zu einem akustischen Erlebnis. Dutzende oder gar Hunderte von Solisten veranstalten ein vielstimmiges Konzert mit Zirpen, Schrillen, Schwirren und Knarren. Heuschrecken sind am Werk und übertönen mit ihrem lauten Gesang das viel leisere Summen und Brummen der fliegenden Blütenbesucher. Obwohl sie kein so ohrennervendes Spektakel machen wie die Zikaden mediterraner Macchien, liegt ihr Rufen unüberhörbar in der Luft. Heuschrecken sind immerhin diejenige Insektenordnung mit den am meisten differenzierten Lautäußerungen. Übrigens finden ihre Darbietungen nur an sonnigen, warmen und trockenen Tagen, also bei richtigem Ausflugswetter, statt. Bei feuchtkühler Witterung oder auch am taufrischen Sommermorgen fällt das Konzert aus.

Ach du grüner Schreck

Es ist gar nicht so einfach, die Heuschrecken zu beschleichen, um sie vor Ort beim Musizieren zu beobachten. Schon bei der geringsten Erschütterung des Bodens oder der Pflanzen, die sie mit ihren hochsensiblen Beinen wahrnehmen, verstummen sie, beobachten aufmerksam ihre

Die Ohröffnungen der Langfühlerschrecken befinden sich in den Vorderbeinen knapp unterhalb der Kniegelenke (oben).

Laubheuschrecken singen durch Gegeneinanderreiben ihrer Flügel. Die Vibration bei der Lauterzeugung ist auf dieser Aufnahme sogar zu sehen.

Ein Paar der Feldgrille (*Gryllus campestris*) vor seiner Wohnröhre.

Umgebung und bleiben zunächst reglos sitzen. Mit ihren grünen oder – je nach Lebensraum – erdfarbenen Tarntrachten sind sie tatsächlich nur sehr schwer zu entdecken. Erst bei dichterer Annäherung treten die kräftigen Hinterbeine in Aktion, und Heuhüpfer, Heuschreck oder Heupferd bringen sich mit einem gewaltigen Satz außer Reichweite. Allenfalls den gleichmütigen Sattelschrecken könnte man den Halm unter den Füßen wegpflügen.
Natürlich springen nicht alle Heuschrecken wie die Turnierpferde durch die Vegetation. Manche Arten wie die Feldgrille oder Grabschrecke bleiben lieber auf dem Boden. Die eindrucks-

volle Maulwurfsgrille verbringt sogar den größten Teil ihres Lebens in ihren unterirdischen Gangsystemen. Andere Arten wie das Große Heupferd klettern gerne im Gezweig von Büschen oder sogar auf Bäumen umher, und wieder andere wie die Ödland- und die Beißschrecken bevorzugen die lichten, übersichtlichen Verhältnisse eines Trockenrasens. Die annähernd 80 mitteleuropäischen Arten repräsentieren eine denkbar große Bandbreite aller möglichen Lebensraumansprüche. Dennoch sind Wiesen, ob feucht oder trokkener, ein Heuschreckenbiotop schlechthin. Kulturflächen sind so gut wie heuschreckenleer.

Geige auf dem Rücken

Anhand der Fühlerlänge kann man die beiden wichtigsten Ver-

wandtschaftsgruppen der Heuschrecken klar unterscheiden: Die Gruppe der Langfühlerschrecken (*Ensifera*) mit ihren ungefähr körperlangen Antennen umfaßt die Laubheuschrecken und die Grillen, die Gruppe der Kurzfühlerschrecken (*Caelifera*) mit den höchstens halbkörperlangen Fühlern die Feldheuschrekken, Knarrschrecken und Dornschrecken. Beide Gruppen sind auch durch die Technik der Lauterzeugung gut zu unterscheiden. Der Konzertbetrieb der Heuschrecken ist eigentlich kein Gesang, sondern ein Instrumentalvortrag, der am ehesten einem Streichersolo auf einer Geige vergleichbar ist. Heuschrecken tragen ihre „Geige" beim Spiel allerdings auf dem Rücken.
Überwiegend musizieren die Männchen, bei den Grashüpfern gelegentlich auch die Weibchen.

Der Warzenbeißer (*Decticus verrucivorus*) ist ein typischer Bodenbewohner. Die einst häufige Art ist in den letzten Jahren stark zurückgegangen.

Die Langfühlerschrecken heben ihre Vorderflügel leicht an und reiben sie rasch gegeneinander. Bei den Grillen liegt der rechte, bei den Laubheuschrecken der linke Flügel oben. Eine mit Querleisten versehene spezielle Flügelader, die Schrilleiste auf der Flügelunterseite, ist der Streichbogen. Die zugehörige Saite ist die Schrillkante des unten liegenden Flügels. Als Resonanzboden und Schalltrichter dient eine große, membranöse Flügelfläche, der Spiegel. Die Kurzfühlerschrecken verwenden dagegen die Innenseite ihrer Hinterschenkel als Fidelbogen. Auch hier be-

Die häufigste einheimische Heuschrecke ist der Gemeine Grashüpfer (*Chorthippus parallelus*). Sein Gesang besteht nur aus kurzen Versen mit leicht gekratzten Tonreihen.

findet sich eine Zahnleiste, die über eine vorspringende Chitinleiste (Radius) des Vorderflügels fährt. Feldheuschrecken musizieren entweder nur mit einem Hinterbein oder auch stereo auf beiden Seiten.

Kunstgenuß mit dem Schienbein

Die Streichkonzerte der Heuschrecken sind Revier- oder Paarungsgesänge und deshalb in hohem Maße artspezifisch. Wie bei den Vögeln kann man daher mit einiger Übung auch bei den Grillen oder Heupferden anhand der musikalischen Darbietungen einzelne Arten unterscheiden. Grillen zirpen im Frequenzbereich zwischen 1,5 und 5 Kilohertz. Laub- und Feldheuschrecken arbeiten zwischen 5 und 12 Kilohertz. Die Ohren oder Gehörorgane befinden sich bei den Tieren allerdings an sehr ungewöhnlicher Stelle. Bei den Langfühlerschrecken liegen in den Vorderbeinen unmittelbar unterhalb des Kniegelenkes je zwei Trommelfelle; die Kurzfühlerschrecken tragen ihre Hörorgane seitlich am vordersten Hinterleibssegment.

Tips für die Praxis

* Eine Grille oder Heuschrecke vorsichtig fangen, genau betrachten (Lupe!), freilassen
*Musizierende Schrecken vorsichtig anpirschen und Verhalten beobachten

85

Herbst

Zeitlose Schönheit

Wenn Ende August der zweite Schnitt über die Mähwiese hinweggegangen ist, hat das ekstatische Blühen des Sommers endgültig sein Ende gefunden. Insekten, die auf Nektarlieferungen und Pollenspenden angewiesen sind, suchen jetzt gerne das Brachland auf, wo noch ein paar verspätete Korbblütengewächse zu finden sind. Nur eine Wiesenpflanze hat ausgerechnet jetzt Saison: Die Herbst-Zeitlose steht von Anfang September bis fast in den November hinein in Vollblüte – als einzige Pflanze im dritten Tiefstand der Wiese. Ein wenig erinnern die Wiesen und Herbst-Zeitlosen an den Massenauftritt der Frühlingskrokusse auf Alpenwiesen. Nur bis zur nördli-

chen Mittelgebirgsgrenze kann man solche blühenden Herbstwiesen erleben, denn im norddeutschen Niederungsland ist die Herbst-Zeitlose extrem selten oder fehlt dort völlig.

Der Zeit weit voraus

Die Herbst-Zeitlose ist ein Liliengewächs. Viele ihrer Verwandten wie Goldstern, Traubenhyazinthe, Bärlauch oder Wild-Tulpe blühen lange vor den anderen Blumen in Wald und Flur. In manchen Gegenden hießen sie deswegen Zeitlosen, weil sie sich so offensichtlich nicht an den allgemeinen Zeitplan des Blühens halten und der Hauptsaison immer so sehr weit voraus sind. Die

Der letzte Blühaspekt der Wiese ist ein vorweggenommener Frühling: Herbst-Zeitlose (*Colchicum autumnale*), eine der giftigsten einheimischen Wiesenpflanzen (links).

So vertraut die großen, eindrucksvollen Blüten der Herbst-Zeitlosen sind, so unbekannt sind ihre Blattorgane, die man nur auf der Frühsommerwiese findet (rechts).

Schneeglöckchen und Märzenbecher aus der nahe verwandten Familie Narzissengewächse oder die zu den Schwertliliengewächsen gehörenden Krokusse wurden zusammen mit den anderen Frühjahrszeitlosen ebenfalls in einem Atemzug genannt. Die Herbst-Zeitlose (*Colchicum autumnale*) schert als einzige aus der Reihe, denn sie hat im Vergleich zu den anderen Zeitlosen ihre Blütezeit noch weiter vorverlegt. So betrachtet ist sie eigentlich gar keine Saisonabschlußpflanze der Blumenwiese, sondern der allererste Vorbote des kommenden Frühlings. Im östlichen Mittelmeergebiet gibt es einige *Colchicum*-Arten, die tatsächlich im Frühjahr blühen.

Im kühlen Wiesengrunde

Die auf frischen bis feuchten Wiesen so ganz und gar zur Unzeit blühende Herbst-Zeitlose besitzt die größte Einzelblüte aller einheimischen Pflanzen. Rund zehn Zentimeter ragt der hübsche lilafarbene, sechszipflige Trichter aus der Grasnarbe, aber im Boden reicht er noch einmal 15 bis 20 Zentimeter tiefer bis zur zwiebelförmigen, braunschuppigen Knolle. Tief unten im Wiesenboden sitzt auch der Fruchtknoten. Nach der Bestäubung durch Hautflügler haben die wachsenden Pollenschläuche eine Mara-

thonstrecke von fast einem Viertelmeter vor sich, um die Samenanlagen unter Tage zu erreichen. Wenn die Befruchtung endlich gelungen ist, reichen die Temperaturen nicht mehr für weitere Entwicklungsschritte. Die befruchtete Samenanlage ruht daher zunächst einmal für mehrere Monate im kühlen Wiesengrunde, bis im folgenden Frühjahr auch die tieferen Bodenschichten erwärmt werden. Dann schiebt die Knolle drei oder vier lange, zungenförmige, glänzend dunkelgrüne Blätter, die zwischen sich eine eiförmige, dreifächerige Kapselfrucht einschließen.

Tips für die Praxis

✳ Blühdauer registrieren
✳ Welche Besucher hat die Herbst-Zeitlose?

Streifzug durch die Gemeinde

Selbst die späteren Herbstwochen bringen noch einmal kräftige Farbtupfer in das grasige Kulturland – mit den vielen Vogelarten, die zwischen Reise und Ruhe auch gerne einmal das Grasland im Umkreis der Gemeinde aufsuchen. Sollten die Wiesen einen zweiten oder gar dritten Schnitt erfahren haben und komplett abgeräumt worden sein, sind sie für durchziehende oder umherstreifende Vogelarten allerdings nur wenig attraktiv. Alles, was ihnen irgendwie Appetit gemacht hätte, lagert dann in den Heuböden oder Futtersilos.

Auf der geschorenen oder abgegrabenen Wiese oder Weide finden sich höchstens ein paar Rabenkrähen ein. Sie stochern im Boden herum und finden dort offenbar immer noch etwas Verwertbares. Es kann wohl auch vorkommen, daß Eichelhäher von einem nahegelegenen Waldstück auf die freie Wiesenfläche herüberkommen und an gut kenntlicher Stelle ein Früchte- oder Samendepot einrichten. Von diesem Konto können sie dann während der winterlichen Versorgungsengpässe immer einmal etwas abheben.

Vogelfreundliche Vielfalt

Viel einladender ist das Grasland, wenn die Hochstauden ausreifen konnten. Auf intensiv bewirtschafteten Flächen besteht dazu keine Chance. Da können brach-

Auf der Wilden Karde (*Dipsacus sylvester*) findet der Stieglitz oder Distelfink (*Carduelis carduelis*) Futter und Platz (links).

Fruchtstand des Großen Wegerichs (*Plantago major*): Leckerbissen von der Stange (rechts).

liegende Flurparzellen, Bauerwartungsland am Rande der Siedlungen, ungenutzte Böschungen, Ufer oder Gräben, grasige Säume entlang von Gebüschen oder Waldstücken oder vergleichbare Kleinbiotope von Wiesencharakter im weitesten Sinne die Versorgungslage der Vögel schon viel eher aufbessern. An solchen Stellen finden sich bestimmt ein paar Ampfer-Stauden, dazu auch etliche Doldenblütengewächse, jede Menge Wegeriche, Weidenröschen, Disteln, Flockenblumen, Kreuzkraut und weitere üppig fruchtende Stauden.

Von echtem Schrot und Korn

Nach dem sommerlichen Blühen ist es ziemlich bald aus mit den blütenbesuchenden Insekten und erst recht mit den verschiedenen Entwicklungsstadien der Kerbtiere. Schon im Frühherbst herrscht für die Insektenfresser unter den Vögeln daher tiefer Winter. Viele Vogelarten sind jedoch anpassungsfähig genug, um sich in den Herbstwochen auf pflanzliche Diät umzustellen, wenn fette Maden und saftige Raupen rar geworden sind.
Ein Streifzug durch das gemeindliche Gras- und Brachland ist für die Vögel ein echtes Erntefest und nicht nur dürftige Nachlese auf abgeräumtem Acker. Viele der fruchtenden Stauden werfen ihre Samen nämlich erst relativ spät aus. Da sieht man truppweise die

bunten Stieglitze an den trockenen, weißhäuptigen Distelköpfen die ölreichen Früchte herauslösen. Hänflinge und Birkenzeisige turnen munter an den Ampfer-Fruchtständen umher oder machen sich auf Bärenklau oder Kreuzkraut zu schaffen. Auch die Erlenzeisige lassen sich gerne einmal auf Stauden herab. Die Bewegungsabläufe, die die Vögel bei der Ernte auf den schwankenden Stengeln der Stauden zeigen, erfordern oft mindestens so viel Geschick wie das Fangen von Kleininsekten.

Tips für die Praxis

✳ Vögel fotografieren
✳ Fernglas und Bestimmungsbuch nicht vergessen
✳ Samen sammeln, zu Hause aussäen, wann keimen sie?

Samenfressende Vögel. 1 Erlenzeisig,
2 Birkenzeisig, **3** Grünfink, **4** Goldammer,
5 Stieglitz, **6** Hänfling.

Versponnene Wiesenwelt

Der taufrische Herbstmorgen bringt es an den Tag: Weithin sind zwischen Halmen, Stengeln und Zweigen die zarten Webarbeiten von Trichter- und Baldachinspinnen ausgestellt. Die feinen Tautröpfchen haben sich im Fadenwerk niedergeschlagen, und millionenfach brechen sich nun darin die Sonnenstrahlen. Die Menge der Netze gibt gleichzeitig eine Vorstellung davon, wie häufig ihre kleinen Erbauer sind und wie dicht sie ihren Lebensraum besiedeln.

Segeln im September

Szenenwechsel: In der Nachmittagssonne eines Herbsttages driften in Mengen lange Spinnfäden frei umher und legen sich wohl auch einmal quer ins Gesicht. Es ist Altweibersommer und somit Flugzeit für Jungspinnen. Nur die Insekten, die artenreichste Gilde unter den Gliederfüßern, können richtig, d.h. mit Flügeln fliegen. Alle anderen Gliedertiere, die eine Luftreise planen, müssen wohl auf Ersatzlösungen ausweichen. Spinnen verwenden dazu die Technik des Fliegenden Fadens, eine gelungene Abwandlung des Kletterseiltricks. Jungspinnen verschiedener Arten verlassen, nachdem sie sich eventuell schon mehrmals gehäutet haben, die Obhut des Kokons, in dem sie aus dem Ei schlüpften, klettern dann auf hohe Stauden oder Sträucher, bauen sich auf einer Zweigspitze hochbeinig auf und geben einen langen Faden aus den Spinnwarzen am Hinterleibsende ab. Der Seidenfaden flutet im Herbstwind, und wenn er lang genug geworden ist, hebt er die kleine Spinne in die Luft und trägt sie davon. Der Altweibersommerflug der Spinnen ist eine Luftfahrt ins Ungewisse. Sie dient der Eroberung und Besetzung neuer Lebensräume. Obwohl die Herbstluft voller Segelfäden sein kann,

Mit einem kunstvollen Netzbau macht die Baldachinspinne (*Linyphia triangularis*) auf sich aufmerksam.

Nicht mehr allzu lange bleiben die jungen Kreuzspinnen zusammen im Netz. Sie überwintern halbwüchsig und werden erst im Jahr nach dem Schlüpfen fortpflanzungsfähig (unten).

sind die Passagiere nicht immer zu sehen. Die Fäden fliegen nämlich weiter, wenn die Besatzung bereits irgendwo zu Boden gegangen ist.

Hochseilakt in Rückenlage

Die mehrschürige, kahle Futterwiese ist kein sehr geeignetes Terrain für Webspinnen. Nur solche Wiesen, in denen der zweite und dritte Schnitt unterbleibt, bieten genügend Konstruktionshilfen, an denen die Spinnen spinnen können. Darum fühlen sich Baldachinspinnen, die zu den häufigsten Arten der heimischen Spinnenfauna gehören, im Halm- und Stengeldschungel einer Wiese im Hochstand sichtlich wohl. Ihre horizontal aufgehängten Gespinstmatten entsprechen durchaus nicht dem üblichen Bild eines Spinnennetzes. Sie sehen wohl

eher aus wie ein schief geratenes Zirkuszelt. Die Kunstfertigkeit der Konstruktion steht dennoch außer Zweifel, aber man fragt sich auch, wie denn die Netzfalle eigentlich funktioniert. Gehen Sie näher an das Werk einer Baldachinspinne heran: Außer der flachen Matte wurde hier noch mehr gesponnen, nämlich ein Gewirr von Fäden, die senkrecht aufgehängt sind und eine Art lockeren Vorhang bilden. Sie haben die Aufgabe, kleine fliegende Insekten aufzuhalten, ins Taumeln und schließlich zum Absturz zu bringen.

Räder – mal etwas anders

Besonders materialökonomisch arbeiten die Baldachinspinnen sicherlich nicht. Bevor ihre Beutefanganlagen stehen oder hängen, haben sie eine Menge Material

Tautropfen zeichnen die Konturen des Radnetzes nach. Im Gegenlicht ist das sonst unauffällige Fadengewirr daher um so deutlicher (links).

Die Gartenkreuzspinne (*Araneus diadema*) ist an ihrer charakteristischen Hinterleibszeichnung gut zu erkennen. Sie gehört zu den größten einheimischen Spinnen (Mitte).

Die Krabbenspinne (*Heriaeus hirtus*) hat sich im Fruchtstand einer Wilden Möhre (*Daucus carota*) versteckt (rechts).

versponnen. Kein Wunder also, daß in der artenreichen Verwandtschaft der Spinnen auch andere Bautechniken erfunden wurden. Da wären beispielsweise die Kugelspinnen, rundliche, nur wenige Millimeter große Tiere. Sie errichten zwischen den Halmen

und Wiesenstauden kleine Galerien aus Stolperfäden mit Klebetröpfchen. Für sich selbst bauen sie eine kleine Gespinsthaube, die wie ein umgedrehtes Vogelnest aussieht.

Im Wiesengelände, besonders in der höheren Staudenflur, sind meist auch die Radnetzspinnen aktiv, wahre Meister in der Konstruktion optimal eingepaßter Fangnetze.

Jäger und Wegelagerer

Längst nicht alle einheimischen Spinnen stellen Fangnetze mit Klebebändern und Leimruten auf. Etliche Arten jagen auch am hellichten Tag auf dem Boden oder in der Streu. Trockene Magerwiesen sind das bevorzugte Revier zahlreicher Wolfsspinnen-Arten.

Krabbenspinnen findet man fast nur in Blüten. Dort sind sie durch farbliche Anpassung so hervorragend getarnt, daß man sie glatt für einen Blütenteil halten könnte.

Dieser Täuschung erliegen offenbar auch die Blütenbesucher – und anschließend dem Giftbiß des blumigen Wegelagerers.

Tips für die Praxis

❋ Am frühen Morgen Spinnennetze suchen (Tau macht viele Netze sichtbar)
❋ Die Netze verschiedener Arten miteinander vergleichen
❋ Spinne mit Fliege füttern; Verhalten beobachten
❋ Spinne beim Netzbau beobachten
❋ Eine Spinne vorsichtig fangen, in einer Glasröhre genau betrachten (Unterschiede zur Insektenanatomie?); freilassen

Gesalzene Probleme

Auch an den Küstensäumen bestimmt das Grasland das Gesicht der Landschaft. Dichter Graswuchs sichert die Standfestigkeit der Deiche, und selbst im Deichvorland trifft der Blick auf grasiges Grün. Von einer binnenländischen Futterwiese sind die Wiesen am Flutsaum jedoch grundverschieden. Beißen Sie einmal auf eine Wiesenpflanze aus dem Deichvorland. Den Ökofaktor, der das Leben an diesem Standort prägt, kann man schmecken: Salz.

Von der Seeseite betrachtet, sind die Erstbesiedler der Küstensäume die Salzpflanzen oder Halophyten. Sie bevorzugen jenen Teil des Wattenmeeres, wo jede Gezeit die genaueren Grenzmarken zwischen Meer und Land neu verteilt.

Das Salz des Todes

Salz in der Bodenlösung ist aber für die meisten Blütenpflanzen ein schweres Gift. Die typische Landpflanze ist auf den Ökofaktor Salz nicht eingerichtet.

Am Rande des Wattenmeeres, wo jede Flut den Boden erneut mit Meersalz imprägniert, breiten sich dagegen üppig wachsende Salzwiesen aus. Wie schaffen es diese Pflanzen, die tägliche Salzflut zu verkraften?

Im Unterschied zu den salzempfindlichen Landpflanzen besitzen die Halophyten besondere Anpassungen, mit denen sie die ständigen Salzattacken an ihren Standorten erfolgreich abwehren. Halophyten wurzeln nicht nur im salzdurchtränkten Schlick- oder Marschboden – sie enthalten auch selbst eine gehörige Portion Meersalz, wie der Geschmackstest unzweifelhaft belegt

Salzschlucken gegen den Durst

Wollte eine Salzpflanze über den Wurzelraum nur das Wasser des Schlickbodens und nicht die dar-

Die Verlandungszone des oberen Gezeitenbereichs von Weichbodenküsten werden von ausgedehnten Salzwiesen eingenommen (links).

Zur Blütezeit des Strand- oder Halligflieders (*Limonium vulgare*) zeigt die obere Salzwiese ihren schönsten Aspekt (unten).

in gelösten Meersalze aufnehmen, gäbe es alsbald enorme Schwierigkeiten mit der weiteren Wasserversorgung. Nach einem sehr einfachen Naturgesetz kann Wasser nämlich nur in Richtung der höheren Salzkonzentration fließen – auch in den Zellen und Geweben einer Pflanze. Ein Halophyt ohne Salz gäbe daher Wasser an seine Umgebung ab und müßte ebenso verwelken wie ein Löwenzahn in einer Blumenvase mit Meerwasser. Zur Absicherung ihrer Wasserversorgung müssen Queller, Strand-Wegerich, Salz-Aster oder Salz-Binse also immerzu Salz schlucken. Sie würden sonst paradoxerweise vertrocknen, obwohl sie mit ihren Wurzeln im quietschnassen Wattboden stecken. Ein besonderes Merkmal der Salzspezialisten wird Ihnen sofort auffallen: Strand-Sode, Milch-

kraut, Salz-Miere, Strand-Wegerich oder Strandkamille besitzen
allesamt recht kümmerliche Blätter mit stark verkleinerter Oberfläche.
Nicht alle Halophyten werden
mit dem Ökofaktor Salz gleich
gut fertig. An Salzstandorten
kommen deshalb auch nicht alle
Salzpflanzen überall vor. Vielmehr zeigen sie klar abgestufte
Toleranzen und Vorlieben. Die
Salzvegetation der Außendeich-
gebiete gliedert sich daher deutlich in verschiedene Gürtel mit
ganz bestimmten Pflanzengesellschaften.

Die Flut verteilt den Lebensraum

Seewärts und meist noch erheblich unter der Niedrigwasserlinie
siedelt die Seegraswiese, eine artenarme, aber ziemlich individu-
enreiche Gesellschaft aus hoch-

Das Schlickgras (*Spartina townsendii*)
ist an seinen großen rundlichen Hor-
sten gut zu erkennen.

gradig an ihren Lebensraum an-
gepaßten Pflanzen Sogar die Bestäubung findet unter Wasser
statt, und selbstverständlich sorgen die Gezeitenströme auch für
die Verbreitung von Samen oder
Sproßstücken.
Im mittleren und oberen Gezei-
tenbereich löst das Quellerwatt
die Seegraswiese ab. Der Queller
ist enorm formenreich. Neben
Pflanzen mit flach liegenden und
nur an den Enden aufsteigenden
Ästen gibt es auch aufrechte
Exemplare mit starr abstehenden
Seitenzweigen. In der Blüte ist die
Quellerflur denkbar unauffällig
Ab Spätsommer bestimmen jedoch die intensiven Rot- und Pur-
purtöne das Bild des Watts.

100

Weiter landwärts treten nun die ersten salzfesten Gräser auf: Der Andel muß jährlich noch etwa 150 bis 250 Überflutungen ertragen können. Bei starker Beweidung überwiegt in dieser Salzwiese tatsächlich nur das Andelgras. Ohne Beweidungsdruck kommt ein etwas größerer Arten- und Farbenreichtum zustande, an dem sich das Milchkraut als Bodendecker, die Salz-Schuppenmiere, das Strand-Tausendgüldenkraut oder der Strand-Dreizack beteiligen. Im oberen Teil des Andelrasens siedelt der Halligflieder, dessen schon längst abgeblühte Blütenstände ihre Farbe bis in den Herbst hinein bewahren.

Zu den Prielrändern hin, die sich mit ihren Verzweigungen bis weit in das Deichvorland erstrecken, kommen die Salz-Aster, die Salz-Keilmelde und – als Hochgenuß für die Nase – der Strand-Wermut vor. Er ist neben der Keilmelde das einzige Halbgehölz der Salzwiesen.
Wo die Flut nur noch während der Springtiden, also rund zwei Dutzend Mal im Jahr, hinreicht, breitet sich die Strandnelkenwiese aus. Kennarten sind hier neben der namengebenden Strandnelke der Strand-Wegerich oder an lückigen Stellen auch die Strandkamille. Je mehr diese Wiese im Vorland der Deichbefestigungswerke die Hochflutmarke überragt, um so weniger zahlreich werden auch die eigentlichen Salzpflanzen, wie der Geschmackstest unmittelbar beweist.

Zum Frühherbst hin nimmt der Queller (*Salicornia europaea*) eine intensiv rötliche Färbung an.

Quellerpflanzen besitzen keine Blätter, sondern bestehen nur noch aus verdickten Zweigen.

101

Winter

Patente für das Überleben

Zwei Faktoren bestimmen die Überlebenschancen der Pflanzen in der Wiese: Wenn der Sensenmann anrückt und die Wiese niedermacht, bricht zunächst einmal ein reichhaltiges Gefüge zusammen. Es ist so, als ob der gesamte Pflanzenbestand durch eine heftige Beweidung gleichzeitig abgegrast würde. Etliche Pflanzen halten dem Verbiß durch Mahd oder Weidetiere aber ganz hervorragend stand und kommen auch dann wieder zum Vorschein, wenn sie in einer Saison gleich mehrfach geköpft wurden. Es gibt aber auch sozusagen Einwegpflanzen, für die die Mahd ein einmaliger Einschnitt ist.

Die zweite bestimmende Stellgröße ist das Klima, das den Pflanzen während des Winters mit schöner Regelmäßigkeit eine längere Ruhepause aufzwingt. Kritische Größe sind dabei die tieferen Temperaturen, die das Wasser erstarren lassen. Grüne Pflanzen hätten daher während des Winters laufend Nachschubprobleme. Pflanzen, die mit der mehrwöchigen Eiszeit zwischen Spätherbst und Frühjahr zurechtkommen wollen, müssen wohl zu besonderen Mitteln greifen, um sich dem zu erwartenden Kältestreß anzupassen.

Wie die Pflanzen dies schaffen, ist weitgehend eine Frage des Lebensstiles. Verschiedene Wege führen zum Ziel. Auch bei den Wiesenpflanzen wurden gleich mehrere Lösungen erprobt.

Auch großwüchsige Wiesenstauden wie der Bärenklau (*Heracleum sphondylium*) geben zum Winter alle oberirdischen Teile auf (links).

Nur wenige Pflanzen, darunter vor allem die rasen- oder horstförmig wachsenden Gräser, überdauern die kalte Jahreszeit dicht am Boden (rechts).

Wie man sich bettet, so lebt man

Man kann die rund 2200 Arten Wildpflanzen, die in der Bundesrepublik Deutschland vorkommen, sicherlich nach ganz verschiedenen Gesichtspunkten einteilen: Es gibt nützliche und weniger nutzbare, großwüchsige und winzige, giftige und harmlose, buntblumige und bescheidene Arten. Für wissenschaftliche Zwecke ist es auch sinnvoll, sie nach Verwandtschaftsgruppen wie Gattungen, Familien oder Ordnungen zusammenzufassen. Das natürliche Verwandtschaftssystem ist eine äußerst hilfreiche Registratur, in der man die einzelnen Arten ablegen und somit Übersicht gewinnen kann.

Um die Pflanzen zu gruppieren, gibt es ein weiteres, nämlich ökologisches Kriterium. Dabei wird berücksichtigt, wie die jeweilige Art in den Winter geht und mit welchen Teilen sie die klimatische Wachstumspause übersteht. Trotz aller Verschiedenartigkeit in Aussehen, Verwandtschaft und Standortwahl lassen sich alle einheimischen Blütenpflanzen einer von nur fünf Gruppen oder Lebensformen zuordnen: Eine Pflanze gehört entweder zu den Bodenpflanzen, Erdschürfpflan-

105

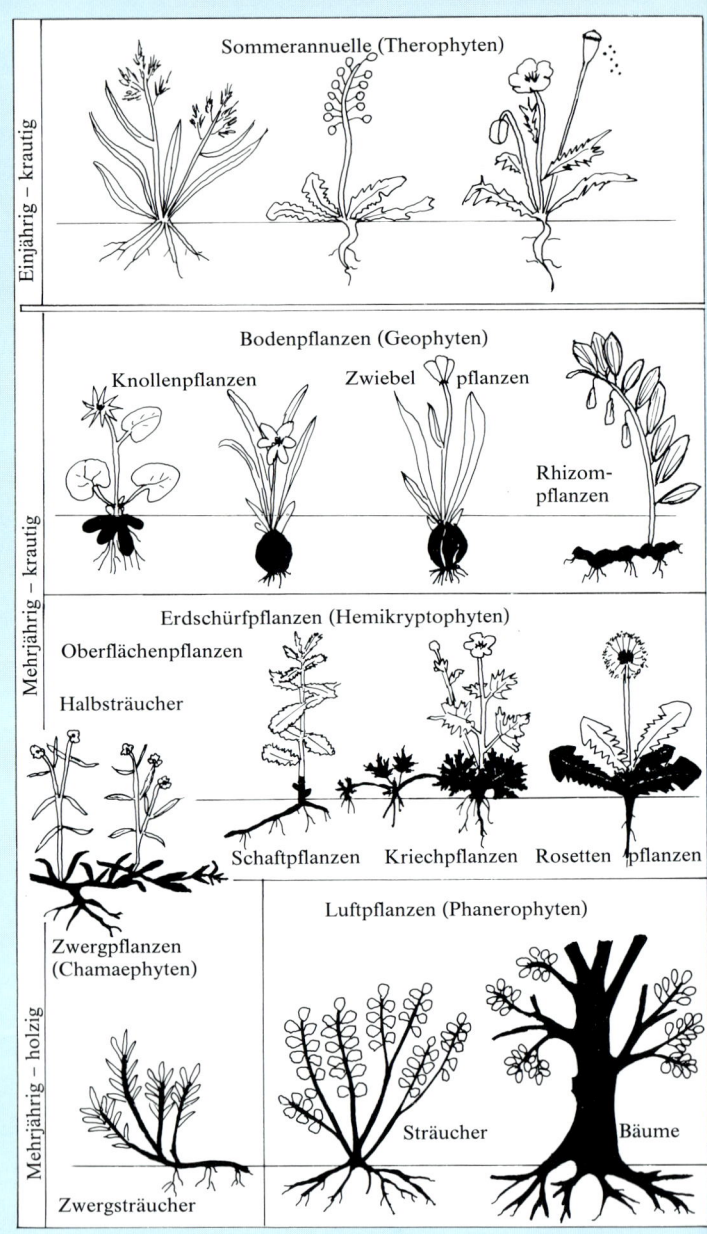

Einjährig – krautig

Sommerannuelle (Therophyten)

Mehrjährig – krautig

Bodenpflanzen (Geophyten)

Knollenpflanzen

Zwiebel pflanzen

Rhizom-pflanzen

Erdschürfpflanzen (Hemikryptophyten)

Oberflächenpflanzen

Halbsträucher

Schaftpflanzen Kriechpflanzen Rosetten pflanzen

Mehrjährig – holzig

Zwergpflanzen (Chamaephyten)

Luftpflanzen (Phanerophyten)

Sträucher Bäume

Zwergsträucher

Wiesen-Frauenmantel (*Alchemilla vulgaris*) und Wiesen-Habichtskraut (*Hieracium umbellatum*) überdauern mit bodenanliegenden Rosettenblättern und den darunter verborgenen Knospen.

Schema der Lebensformen. Überwinternde Teile sind schwarz dargestellt.

zen, Zwergpflanzen, Luftpflanzen oder ist ganz einfach einjährig. Entscheidend für die Zuordnung ist die genaue Lage der ausdauernden Teile zur Bodenoberfläche.
Der Blick auf die Pflanzen der Herbstwiese und ihr Umland zeigen uns bestimmt eine ganze Auswahl von Vertretern dieser Überwinterungsstrategien. Zur

Gruppe der Geophyten gehören nur wenige Wiesenpflanzen (z. B. die Herbst-Zeitlose). Außerhalb ihres Blühauftritts sind sie fast immer unsichtbar.
Es geht auch anders: Eine Wiese ist schließlich auch im Winter grün(lich), und folglich sind hier Pflanzen sichtbar. Dicht am oder gerade noch im Boden bleiben Knospen erhalten, die sich im Schutz der eigenen, aber schon abgestorbenen Sommerblätter verbergen. Blattrosetten (z. B. Löwenzahn) und Kriechsproßpflanzen (z. B. Hahnenfuß) sind typische Erdschürfpflanzen. Zur gleichen Gruppe gehören auch die Horstpflanzen (z. B. die Gräser) sowie die Schaftpflanzen (z. B. Wiesen-Kerbel, Taubnessel), deren Erneuerungsknospen tief an der Basis des abgestorbenen Stengels sitzen. Einjährige Pflanzen sind in der Wiese selten.

Ganz schön unverfroren

Zugegeben: Nach landläufiger Einschätzung hat die Pflanzenwelt im Winter weitgehend Pause. Die laubwerfenden Bäume haben ihr Blattwerk längst abgelegt, nahezu sämtliche Kräuter oder Stauden haben sich auf überwinterungsfähige Ruheorgane zurückgezogen. Und dennoch können Sie jetzt getrost eine Wette abschließen: Es blüht nämlich draußen trotzdem, mitten im Winter und auf jeden Fall lange vor dem offiziellen Start des Vorfrühlings. Blütenpflanzen, die auch oder vielleicht sogar gerade im Winter blühen, fallen mit dieser merkwürdigen Saisonwahl gewiß etwas aus dem Rahmen. Während die winterlichen Temperaturen die Mehrzahl der übrigen Lebe-

wesen, Pflanzen ebenso wie Tiere, weit unterhalb der Aktivitätsschwelle halten, scheren ein paar Winterblüher aus und rollen ihr verfrüht erscheinendes Entwicklungsprogramm fast unbeeindruckt von Jahreszeit und Witterung ab.

Die Unentwegten

Strenggenommen muß man bei den winterblühenden Pflanzenarten zwei Gruppen unterscheiden. In der einen und zahlenmäßig auch viel besser bestückten finden sich alle diejenigen Arten zusammen, die immer noch blühen, weil sie gleichsam das eigentliche Saisonende verpaßt haben. Diese Pflanzen sind auch im Wiesenge-

Ein nahezu unermüdlicher Blüher, der auch noch in den Winterwochen an Wiesensäumen zu finden ist, ist das Gemeine Kreuzkraut (*Senecio vulgaris,* links).

Meist fallen die Blütenstände des Gänseblümchens (*Bellis perennis*) in der kalten Jahreszeit nicht so üppig aus wie im Frühjahr und Sommer (Mitte).

Ziemlich unscheinbar und wenig auffällig sind die nur wenige Millimeter breiten Blüten der Vogelmiere (*Stellaria media*, rechts).

lände und im benachbarten Kulturland durchaus nicht selten, und wir wollen deshalb einen Winterspaziergang dazu verwenden, einmal gezielt Nachsuche zu halten. Die zweite Artengruppe umfaßt jene Spezialisten, die zu

anderen Jahreszeiten nicht und somit ausschließlich im Winter blühen. Solche unverfrorenen Sonderlinge werden wir in der Wiese wohl nicht finden. Sie gehören meist völlig anderen Lebensräumen an.

Ganz vorn auf der Liste der unentwegten Ganzjahresblüher steht das Gänseblümchen – in jedem Vorstadtzierrasen fürchterlich verpönt, aber jetzt auf der Winterwiese im Tiefstand ein durchaus beachtenswertes Schmuckstück. Gewiß fällt sein Blütenflor im sommerlichen Halbjahr wesentlich üppiger aus, doch reicht seine Saison tatsächlich von Januar bis Dezember. Die Winterausgabe der Blütenköpfe fällt auch etwas kleiner aus. Während man im Frühsommer ungefähr 25 Millimeter Blütenkopfdurchmesser feststellen

kann, sind es vielleicht knapp zehn Millimeter. Auch öffnen sich die Köpfe manchmal nicht ganz vollständig, denn dazu benötigen sie neben Licht auch etwas Wärme. Aber wenn die Wintersonne flach über dem Horizont auftaucht, recken sich ihr alle Köpfe entgegen. Sie werden dem Sonnengang sogar wie kleine Solarantennen nachgeführt.

Anleihe in der Nachbarschaft

Im Kulturland, in dem außer den Wiesen auch Äcker und Felder bewirtschaftet werden oder wo Gärten an eine Winterwiese angrenzen, werden etliche Pflanzenarten zu beobachten sein, die keine ausgesprochenen Wiesenarten sind, aber dennoch zaghafte Besiedlungsversuche zumindest der Randbereiche unternehmen. Besonders an solchen Stellen, wo

Das Einjährige oder Gemeine Rispengras (*Poa annua*) ist auch im Siedlungs- und Gartenland als Winterblüher vertreten (links).

Bis spät in die Saison entwickelt das Einjährige Bingelkraut (*Mercurialis annua*) seine Blütenstände. Oft sind die Pflanzen zweihäusig (rechts).

Viehtritt oder Maulwurfshügel kleine Freiflächen geschaffen haben, entbrennt sofort ein heftiges Gerangel um die besten Plätze. Einjährige Arten mit hoher Reproduktionsrate sind da mit Sicherheit im Vorteil und bilden die erste Besiedlungsgeneration, ehe sie dauerhafteren Konkurrenten weichen müssen.
Zu diesen Pflanzen gehört beispielsweise das Gemeine Kreuzkraut, ein Korbblütengewächs,

110

Unter den Spätblühern der Wiese findet sich manchmal auch der Hopfen-Schneckenklee (*Medicago lupulina*). Die Fruchtreife schaffen die Blüten gewöhnlich nicht mehr (links).

Die spät im Jahr entwickelten Blüten der Stengelumfassenden Taubnessel (*Lamium amplexicaule*) öffnen sich nicht mehr (rechts).

das außerordentlich zurückgezogen blüht und deswegen kaum auffällt – schon gar nicht im Sommerhalbjahr, wo es der prächtig herausgeputzten Konkurrenz unterliegt. Im Unterschied zum Gänseblümchen und vielen anderen Korbblütengewächsen bildet dieses Kreuzkraut keine randlichen Strahlblüten aus. Die wenigen funktionstüchtigen Röhrenblüten packt es auch noch in eine enge, zusammengezogene Hüll-

blattröhre. Das Blühen und Fruchten spielt sich bei dieser Art unter Verschluß ab. Man erkennt nur hellgelbliche Leuchtpunkte oder die weißlichen Schöpfe zur Zeit der Fruchtreife und, wenn es sein muß, auch zur Weihnachtszeit.

Ein paar weitere Spätberufene verleihen dem Grün- und Kulturland ein paar bescheidene Farbtupfer. Hier und da mag sich noch eine goldgelbe Blüte des Scharfen Hahnenfußes zeigen, nachdem die Pflanze nach mehrmaligem Schnitt noch einmal einen letzten Anlauf zur Fruchtbildung unternommen hat. Ähnlich steht es auch um den Weiß-Klee oder den Roten Wiesenklee, die beide erstaunliche Ausdauer im Wachsen zuwege bringen, oder zwei bis drei Ehrenpreis-Arten, Eindringlinge oder Neugierige vom benachbarten Acker.

Feuchte Wiesen – viele Vögel

Vogelarten, die hoch im Norden brüten, können nur wenige Wochen im eigentlichen Brutrevier verbringen, weil die Witterung zu wünschen übrig läßt und weil auch die Nahrung reichlich knapp bemessen ist. Also verlassen sie nach erfolgreicher Aufzucht ihrer Jungen schon sehr bald ihre großräumigen Reviere, um weiter südlich gelegene Rast- und Mauserplätze aufzusuchen, ehe die Reise eventuell noch weiter geht. So treffen schon im Spätsommer größere Vogelscharen im Küstenland an Nord- und Ostsee ein. Limikolen oder Watvögel nennt man die Schnepfen, Wasser- und Strandläufer, Regenpfeifer, Stelzenläufer und viele andere Vogelgruppen, die sich sehr gerne im Grünland am Küstensaum aufhalten. Bis in den Herbst hinein dauert der Zug- und Durchzug an. Nicht alle bleiben an unseren Küsten, aber einige können auch im Bereich der südlichen Nordsee überwintern.

Futterplätze für Millionen

Die Schlickflächen des Wattenmeeres, die angrenzenden Salzwiesen und das Dauergrünland der Marschen sind auch im Winter nahezu unerschöpfliche Nahrungsressourcen. Die Mehrzahl der Durchzügler oder Überwinterer hält sich darum auch gerne in der Nähe der Flutsäume auf. Der Gezeitenrhythmus diktiert hier die Zeiten der Nahrungssuche. Bei Niedrigwasser sind die Vogelscharen, die man nur nach Hunderttausenden oder gar Millionen zählen kann, weit draußen auf den Schlickbänken und Mischwatten. Bei Hochwasser suchen sie dagegen geschütztere Einstandsplätze vor oder hinter dem Deich auf. Wichtig ist jetzt, daß die rastenden Vögel auch tatsächlich ihre Ruhe behalten und nicht ständig durch Spaziergänger oder allzu neugierige Beobachter aufgescheucht werden. Jedes Störmanöver mit anschließendem Auffliegen und Wegstreichen verbraucht unnötige Energie.

Kleinere Trupps von Durchzüglern und Wintergästen streifen auch weiter umher und fallen in den Feuchtwiesen des küstennäheren Binnenlandes ein. Bis in das Münsterland reichen die nordwestdeutschen Winterquartiere mancher Limikolen.

Küste im kleinen

Hinsichtlich Artenzahl und Individuendichte kann das atlantisch beeinflußte und daher relativ wintermilde Grünland Nordwestdeutschlands zwar nicht mit dem unmittelbaren Küstensaum konkurrieren. Zahlreiche bemerkenswerte Arten sind an geeigneten Stellen auch mitten im Winter zu beobachten. Truppweise treffen Exemplare des Knutts ein, die im Wattenmeer zur Hauptzugzeit die wohl eindrucksvollsten Vogelansammlungen überhaupt bildet. Im Binnenland hält er sich gern an den Schlamm- oder Sandufern größerer Gewässer auf.

Ringelgänse (*Branta bernicla*) weiden in den Winterquartieren an der Nordsee vor allem die bei Ebbe freifallenden Zwergseegraswiesen ab (oben).

Nonnengänse (*Branta leucopsis*) sind sehr gesellig und schließen sich im Winterquartier häufig anderen Gänsearten an (unten).

Das Brutgebiet dieser Vögel, die vereinzelt auch bei uns überwintern, liegt in Grönland. Nur etwa starengroß ist der Alpenstrandläufer, der sowohl Durchzügler als auch Jahresvogel ist. Allerdings erhält er im Herbst gewaltige Verstärkung aus dem Norden Skandinaviens und Eurasiens. Ausgesprochene Feuchtwiesenliebhaber sind beispielsweise die schmucken Rotschenkel. Nur die Angehörigen nordischer Populationen überwintern in unserem Küstenraum oder im küstennahen Binnenland, wobei Grasländer mit größeren Naßstellen oder sogar Seichtwasser auf jeden Fall vorhanden sein müssen. Fast nur als Durchzügler sieht man dagegen den etwas größeren Grünschenkel oder den Dunklen Wasserläufer. Der Große Brachvogel, unsere größte Watvogelart, ist im Küstengebiet ebenfalls Jahresvogel, sucht aber auch gerne extensiv genutzte Feuchtwiesen auf. Fast immer werden auf kurzwüchsigen Niederungswiesen im milden Nordwesten auch Kiebitze zu sehen sein – eine Art mit ausgeprägter Vorliebe für binnenländisches Grünland.

Gänse als Gäste

Zu den besonders eindrucksvollen Wintergästen gehören die scharenweise einfallenden Gänse. Im grünen Küstensaum kann man zwei Artengruppen beobachten, die entweder schwärzlich

Bekassinen (*Gallinago gallinago*) sieht man außerhalb der Brutzeit an Seeufern, in Feuchtwiesen oder an Gräben (oben).

Die Uferschnepfe (*Limosa limosa*) hält sich gerne auf Feuchtwiesen mit extensiver Nutzung auf (unten).

Kiebitze (*Vanellus vanellus*) sind in den küstennahen Wiesen und Feuchtgebieten Jahresvögel.

oder heller graubraun gefiedert sind. Gut unterscheidbar innerhalb der dunkleren Gänse ist die Ringelgans, die sich in großer Anzahl vom Oktober bis Mai in den Seegraswiesen des Deichvorlandes aufhält. Unsere Wintergäste gehören der östlichen Rasse an, die im arktischen Europa brütet. Auch die Nonnengans kann man an ihrer weißen Kopfzeichnung selbst auf größere Entfernung gut erkennen.

Schwieriger ist da schon die Unterscheidung der verschiedenen grauen Gänse-Arten. Saatgans, Bläßgans und Kurzschnabelgans suchen zwischen Elbe und Nie-

derrhein ihre Winterquartiere auf, wobei zwischen dem eigentlichen Ruheplatz (flaches Gewässer) und dem Äsungsplatz (Wiesen und Weiden) auch größere Entfernungen liegen können. Wichtig ist auch in diesem Fall, daß die rastenden oder weidenden Vögel nicht ständig gestört werden.

Tips für die Praxis

∗ Fernglas und Bestimmungsbuch nicht vergessen
∗ Tagebuch über Vogelankunft führen, wie lange verweilen die Gäste?
∗ In welcher Anzahl kommen die einzelnen Arten vor?
∗ Federn sammeln

115

Rastplatz für Durchzügler und Wintergäste. 1 Saatgans, **2** Kiebitz, **3** Uferschnepfe, **4** Großer Brachvogel **5** Brandgänse, **6** Rotschenkel, **7** Kranich.

Mit Haken und Ösen

Haben Sie nach einem Spaziergang durch Wald und Flur schon einmal Schuhwerk oder Kleidersäume genauer inspiziert? Fast immer finden sich dort blinde Passagiere – Samen oder Früchte oder eine Mischung von beiden. Viele Pflanzenarten und darunter selbstverständlich auch solche des Grünlandes haben es geradezu darauf abgesehen, ihre Samen oder Früchte unter Einsatz ausgeklügelter Verfahren auf direktem Wege transportieren zu lassen – und sei es durch ein kleidertragendes Wirbeltier.

Überbrückungshilfen

Fast jede Pflanzenart produziert Samen in Hülle und Fülle – fast so, als ginge es darum, die Konti-

nente schon in der nächsten Generation flächendeckend zu besiedeln. Masse allein tut es jedoch nicht. Das Vermehrungsgut muß auch geschickt lanciert und tatsächlich verbreitet werden.
Pflanzen sind nun einmal ortsfeste Lebewesen, mit ihrem jeweiligen Stand- oder Wuchsort unverrückbar fest verwurzelt. Diesen scheinbaren Nachteil erheblich eingeschränkter Beweglichkeit gleichen sie jedoch einfallsreich aus. Denn für ihre Verbreitungseinheiten sind selbst größere Distanzen kein richtiges Pro-

Ameisen tragen durch Samen- und Fruchtverschleppung erheblich zur Artenverbreitung bei: Schwerstarbeit beim Verschleppen einer Grasfrucht.

Aus dem üppigen Blütenstand des Weidenröschens (*Epilobium*) hat sich ein eindrucksvoller Fruchtstand entwickelt (links).

Wohlverpackt sitzen die einzelnen Flugsamen in der aufgesprungenen Kapsel (rechts).

blem. Bereits die Blütenpollen zeigen nahezu vollendet die zur Hauptsache genutzten Transportrouten auf: In der Luft oder im Wasser werden sie gleichsam zu ihrem eigenen Verkehrsmittel. Andererseits werden aber auch die Tiere gezielt in das Ausbreitungsprogramm einbezogen. Auf die gleichen Karten setzen auch die Samen und Früchte. Während bei den Pollen und ihrer Aussendung genetische Gesichtspunkte im Vordergrund stehen, dient die

Verschickung von Samen oder Früchten der Arterhaltung in Raum und Zeit. Bei aller Übereinstimmung der Transportwege von Pollen und Samen finden sich auf der anderen Seite doch auch gewaltige Unterschiede bei der technischen Realisierung der Reise. Früchte (mit denen gewöhnlich gleich mehrere Samen als geballte Ladung losgeschickt werden) und Samen gleichen sich untereinander in der Wahl der Verbreitungshilfen viel mehr.

Pflanzliche Luftfahrt

Viele Samen oder Früchte sind so gebaut, daß sie mit einem Fallschirm an den Start gehen können. Geradezu perfekt zeigt dies der Löwenzahn mit seinen frühsommerlichen Flugübungen (S. 24).
Beim Weidenröschen, einem

häufigen Besiedler von Säumen und Gebüschen auch am Rande der Wiesen, sind es im Gegensatz zu den Korbblütengewächsen nicht die Früchte, die im Geschirr eines Fallschirmes hängen, sondern tatsächlich einzelne Samen. Folglich wird in diesem Fall die gesamte Flugausrüstung auch nicht aus Bestandteilen der Blütenachse, sondern von der Samenanlage beigesteuert. Trocknung reißt die reife Kapselfrucht der Weidenröschen-Arten auf. Weißlich quillt die Masse der Flughaare hervor. Genaueres Hinsehen zeigt, wie säuberlich sortiert die einzelnen Fallschirmspringer in Reih und Glied sitzen. Mit dem ersten Windstoß, der in die offene Kapsel fährt, kommt Leben in die Truppe. Durch ihre besondere Anordnung in der Kapsel reißen sie sich sogar gegenseitig los. Versuchen Sie ein-

Nach dem Ausreifen werden die Früchte der Wilden Möhre (*Daucus carota*) sehr viel Anhänglichkeit zeigen. Schon jetzt sind ihre Kletteinrichtungen nicht zu übersehen (links).

Die Flugapparate des Wiesen-Pippaus (*Crepis biennis*) sind ähnlich konstruiert wie beim Löwenzahn (Mitte).

Bei der Nelkenwurz (*Geum urbanum*) entwickeln sich die Griffel der Blüten zu Enterhaken für die Fruchtverschleppung (rechts).

mal, einen einzelnen Samenfallschirm herauszulösen. Kaum hat man vorsichtig zugefaßt, lockert sich gleich der ganze Springerverband.
Die flugfähigen Samen sind extreme Leichtgewichte, da sie ja eine entsprechende Reichweite erzie-

len sollen. Und sollte einmal das Wetter wegen Regen oder Schnee nicht mitspielen, geht niemand an den Start: In diesem Fall klemmen die Samenfallschirme nämlich in ihrer Kapsel.

Die Samen der Wiesen-Orchideen sind durch äußerst sparsame Konstruktion sogar so leicht, daß sie auf zusätzliche Ausrüstungen für die Flugreise vollends verzichten können. Die Samen der Knabenkräuter oder der Händelwurz wiegen nur ungefähr fünf Millionstel Gramm. Was einmal eine faszinierende Orchidee werden soll, beginnt sein Dasein sozusagen als verwirbeltes Staubkorn.

Wie man Anhänglichkeit beweist

Eine verbreitete Methode, sich über größere Entfernungen verschleppen zu lassen, ist der unge-

mein wirksame Enterhaken- oder Klettentrick.

Aber warum kleben die Kletten eigentlich? Die genauere Untersuchung der stachelspitzigen Hüllblätter liefert die Lösung: Sie sind wie die Enden einer Häkelnadel umgebogen. Sobald sie auf Fell oder strukturverwandte Textilien treffen, hakt gleich ein Dutzend Stachelspitzen ein und verankert sich nach Kräften.

Interessant ist, daß oft gänzlich verschiedene Pflanzenteile bei den diversen Arten nach dem gleichen Funktionsprinzip arbeiten.

Tips für die Praxis

* Früchte sammeln
* Früchte mit Lupe genau betrachten
* Samen für Aussaat aufheben

121

Wiesen in Not

Weiden und Wiesen sind vom Menschen geschaffene und bewirtschaftete Lebensräume – warum also ein Thema für den Naturschutz? Schützenswert sind sie als naturnahe Lebensgemeinschaften und als Lebensräume seltener, bedrohter Arten der Kulturlandschaft.

Selbstverständlich sind unter den rund 2600 Naturschutzgebieten der Bundesrepublik Deutschland auch etliche Wiesentypen vertreten. So gibt es Sumpfdotterblumenwiesen im Urstromtal der Tideelbe, Niederungsfeuchtwiesen an der Wümme, eine Schachblumenwiese im Münsterland, Orchideen-Kalkmagerrasen in der Eifel, Schwermetallfluren bei Aachen, Knöterichwiesen im Westerwald, Trollblumenwiesen in der Rhön, Steppenrasen am Oberrhein, Federgraswiesen im Maintal, Enzian-Halbtrockenrasen auf der Schwäbischen Alb, Schwertlilien-Moorwiesen im Chiemgau und viele andere geschützte Biotope. Die Aufzählung besticht. Aber: Nur etwa ein Prozent der Gesamtfläche der BRD sind Naturschutzgebiet, und auf die Wiesen entfällt davon nur ein Bruchteil – viel zuwenig also, um die Vielfalt auf Dauer zu sichern, zumal sie sich nur in Inseln entfalten kann.

Rein statistisch gesehen sind 13,7 Millionen Hektar oder rund 55 Prozent der Bundesrepublik Landwirtschaftsfläche. Davon entfallen etwa 4,5 Millionen Hektar auf Wiesen und Weiden. So gesehen leben wir in einem ziemlich grünen Land. Was diese Zahlen jedoch nicht zeigen, ist der Rückgang der Vielfalt durch Aufdüngung von Magerstandorten oder Trockenlegung von Feuchtwiesen.

Sie sagen auch nicht, daß die EG-Einheitswiese heute zu über 95 Prozent aus Gräsern (und Klee) und kaum noch aus bunten Blumen („Wiesenunkräutern‘) besteht. Auch muß man berücksichtigen, daß vielerorts Grünland umgebrochen und in monotone Maisäcker verwandelt wurde. Die Vereinheitlichung des Landschaftsbildes und die Nivellierung der Artengefüge sind typische Kennzeichen der Intensivbewirtschaftung. Viele Landschaften haben dabei ihr Gesicht verloren.

In einem solchen Rahmen kann man Naturschutz nicht mehr nur auf kleinen Parzellen in Insellage praktizieren. Flächenwirksamer Naturschutz bedeutet heute Schutz der Kulturlandschaft vor weiterem Verlust an Lebensräumen. Nicht nur bedrohte Arten stehen auf den Roten Listen – auch Biotope sind durch Schwindsucht und Substanzverlust in Bedrängnis geraten.

Wiesen und Weiden verdanken ihre Entstehung ebenso wie viele andere kulturlandschaftliche Elemente der früher üblichen Extensivnutzung. Folglich kann auch nur eine Extensivierung der Flurnutzung wieder anreichernd wirken – mit Verringerung der Produktionsintensität, Verzicht auf Biozide und übermäßigen Düngemitteleinsatz. Volkswirtschaftlich geht die Rechnung eigentlich auf, denn die zu erwartenden Mindererträge ersparen die teuren Überschußsubventionen.

In verschiedenen Bundesländern sind – vorerst allerdings nur zeitlich befristet – Sonderprogramme mit Flächenstillegung und Grünlandextensivierung angelaufen.

Sehen – Staunen – Selbermachen

Der kritische Blick in Pflanzen-listen weist es klar aus: Gegen-über den artenreich bestückten Grünlandformationen, in denen immerhin fast ein Drittel unserer Farn- und Blütenpflanzen vor-kommt, ist der Zier- oder Ge-brauchsrasen ein geradezu ärm-liches und beinahe totes Gebilde. Als Lebensraum ist er bedeu-tungslos.

Zweifellos hat der artenarme, kurzgeschorene und jederzeit be-gehbare Rasen überall dort seine Berechtigung, wo er für Sport und Spiel, als Liegewiese oder Erho-lungsfläche genutzt wird. Auf allen öffentlichen oder privaten Grünlandstücken, wo diese be-sonderen Funktionen fast immer entfallen, ist auch der Vielschnitt-

Parkrasen entbehrlich. Hier bie-tet sich die einzigartige Chance, etwas für die Natur im Siedlungs-bereich zu leisten und Grünflä-chen ökologisch aufzuwerten. Der Vergleich eines pflegeauf-wendigen, einförmigen Rasens mit einer blumenbunten Wiese wird die Entscheidung gewiß er-leichtern: Warum nicht Arten-vielfalt statt Einheitsgrün? Meh-rere Möglichkeiten bieten sich an, um Zierrasen schrittweise in an-sprechende, üppige Blumenwie-sen umzugestalten.

Ein lohnender Versuch: Je häufiger auf den Rasenschnitt verzichtet wird, um so blumiger wird der Bestand.

Erster Schritt: Die Sense ruht

Schon bei verminderter Schnitthäufigkeit leben bestimmte Wiesenkräuter im Rasen sichtlich auf, die zuvor allenfalls als Rosettenpflanzen überdauern konnten. Gänseblümchen, Löwenzahn, Wiesen-Schaumkraut, Wiesen-Primel, dazu auch Hahnenfuß, Flockenblumen, Witwenblume, Glockenblumen und etliche Doldenblütengewächse kommen noch in der gleichen Saison zur Blüte, wenn sich die Mahd nach ihrem Wachstumsrhythmus richtet. Vier oder allenfalls sechs Schnitte im Jahr genügen vollauf. Zusätzlich wird auf Düngung und Herbizideinsatz verzichtet. Nach zwei oder drei Jahren hat sich der ehemalige Vielschnittrasen zu einer reich strukturierten Wiese entwickelt. Geeignet für eine solche Umstellung sind vor allem größere Rasenflächen von Parks, Wohnsiedlungen und Hausgärten.

**Zweiter Schritt:
Das Wiesenkräuter-Pflanzbeet**

Wenn die erwünschten Arten im Rasen nicht vorhanden sind oder sich nicht spontan einstellen, ist sicherlich Nachhilfe nötig. Besonders auf kleineren Rasenflächen ist eine Anreicherung durch Anpflanzung möglich. Zwiebeln, Knollen oder vorkultivierte Pflanzen (Pflanzmaterial aus dem Fachhandel) werden wie in einem Gartenbeet direkt in den Rasen gepflanzt. Empfehlenswert sind Krokus, Schneeglöckchen, Milchstern, Blaustern, Hasenglöckchen, Scharbockskraut, Wiesen-Primel, Margerite, Wiesen-Glockenblume, Gemeine Akelei oder Herbst-Zeitlose. Diese Anreicherungspflanzung kann man auch unter Bäumen oder entlang von Gehölzstreifen anbringen.

**Dritter Schritt:
Aussaat attraktiver Arten**

Ein intensiv gepflegter Zierrasen mit dichter Grasnarbe bietet dem Samen von Neuankömmlingen keine Chancen. Man muß daher schon mit einem Vertikutiergerät oder einer Hacke Bestandslücken schaffen, um die Keimungsbedingungen der einzubringenden Samen zu verbessern. Zur Einsaat geeignet sind beispielsweise Bärenklau, Pastinak, Wiesen-Kerbel, Wiesen-Pippau, Margerite, Wiesen-Hornklee, Klappertopf oder Faden-Klee. Saatgut könnte man in bescheidenem Umfang an Wiesenstandorten der Umgebung selbst ernten.

**Letzter Schritt:
Blumenwiesen neu begründen**

Auf nicht allzu nährstoffreichen Flächen, beispielsweise frisch eingeebnetem Baugrund, Aufschüttungen oder ähnlichen Standorten, kann eine blumige, extensive Wiese auch durch komplette Neuaussaat angelegt werden. Nicht immer eignet sich dazu das im Handel angebotene Saatgut, das zum Teil wiesenfremde Arten wie Klatsch-Mohn oder Kornblume enthält. Die Aussaat sollte mit etwa 3 bis 5 Gramm je Quadratmeter (bis 3 Gramm Grassaat und etwa 2 Gramm Wiesenkräutersamen) ausgebracht werden. Während der gesamten Vegetationsperiode ist Saat möglich – auch noch im Herbst, denn viele Wiesenpflanzen benötigen zum Keimen den Kältereiz einiger Frostnächte. Blumenwiesen im Siedlungsbereich haben einen hohen Erlebniswert und sind ein wertvoller Beitrag zum Naturschutz. Nach dem ersten intensiven Blühen wird auch niemand mehr über das üppige „Unkraut" schimpfen.

Weiterführende Literatur

BARTH, F.: Biologie einer Begegnung. Deutsche Verlagsanstalt, Stuttgart 1982.

BELLMANN, H.: Spinnen beobachten – bestimmen. Verlag Neumann-Neudamm, Melsungen 1984.

BELLMANN, H.: Heuschrecken beobachten – bestimmen. Verlag Neumann-Neudamm, Melsungen 1985.

BERTSCH, K.: Die Wiese als Lebensgemeinschaft. Otto Maier Verlag, Ravensburg 1947.

BLAB, J. u.a.: Rote Liste der gefährdeten Tiere und Pflanzen in der Bundesrepublik Deutschland. Kilda-Verlag, Greven 1984.

BONESS, M.: Die Fauna der Wiesen unter besonderer Berücksichtigung der Mahd. Z. Morph. Ökologie Tiere 42, 225–277 (1953).

DÜLL, R., KUTZELNIGG, H.: Botanisch-ökologisches Exkursionstaschenbuch. Quelle & Meyer, Heidelberg 1988.

DONK, M. von der, GERWEN, T. VAN: Das Kosmosbuch der Insekten. Franckh'sche Verlagshandlung, Stuttgart 1985.

ELLENBERG, H.: Die Vegetation Mitteleuropas mit den Alpen. Verlag Eugen Ulmer, Stuttgart 1982.

ELLENBERG, H.: Zeigerwerte der Gefäßpflanzen Mitteleuropas. Verlag Erich Goltze, Göttingen 1979.

FAUST, B., HUTTER, C. P.: Wunderland am Wegesrand. Thienemann-Verlag, Stuttgart/Wien 1988.

HALLER, B., PROBST, W.: Botanische Exkursionen, Band II. Gustav Fischer Verlag, Stuttgart 1981.

HAARMANN, K., PRETSCHER, P.: Naturschutzgebiete in der Bundesrepublik Deutschland. Kilda-Verlag, Greven 1988.

HARDE, K. W., SEVERA, F.: Der Kosmos-Käferführer. Franckh'sche Verlagshandlung, Stuttgart 1981.

JEDICKE, E.: Blumenwiese oder Rasen? Anlage und Pflege. Franckh'sche Verlagshandlung, Stuttgart 1986.

KLAPP, E.: Wiesen und Weiden. Verlag Paul Parey, Hamburg/Berlin 1971.

KLAPP, E.: Taschenbuch der Gräser. Verlag Paul Parey, Hamburg/Berlin 1965.

KREEB, K. H.: Vegetationskunde. Verlag Eugen Ulmer, Stuttgart 1983.

KAULE, G.: Arten- und Biotopschutz. Verlag Eugen Ulmer, Stuttgart 1983.

KREMER, B. P.: Welche Heilpflanze ist das? Kosmos-Naturführer, Franckh'sche Verlagshandlung, Stuttgart 1988.

LOHMANN, M.: Naturinseln in Stadt und Dorf. BLV-Verlagsgesellschaft, München 1986.

MADER, H. J.: Die Tierwelt der Obstwiesen und intensiv bewirtschafteten Obstplantagen im quantitativen Vergleich. Natur und Landschaft 57, 371–377 (1982).

REICHHOLF, J.: Feld und Flur. Steinbachs Biotopführer. Mosaik-Verlag, München 1989.

SUKOPP, H.: Der Einfluß des Menschen auf die Vegetation. Vegetatio 17, 360–371 (1969).

SCHMITT, H.: Die Wiese als Ökosystem. Aulis-Verlag Deubner, Köln 1979.

TAUSCHER, H.: Unsere Heuschrecken, Franckh'sche Verlagshandlung, Stuttgart 1986.

TISCHLER, W.: Biologie der Kulturlandschaft. Gustav Fischer Verlag, Stuttgart 1980.

WILMANNS, O.: Ökologische Pflanzensoziologie. UTB, Verlag Quelle & Meyer, Heidelberg 1973.
WOLF, G.: Die Blumenwiese. Informationsschrift des AID, Bonn 1989.

ZAHRADNIK, J.: Bienen, Wespen, Ameisen. Kosmos-Naturführer. Franckh'sche Verlagshandlung, Stuttgart 1985.
ZUCCHI, H.: Wiesen und Weiden. In: Unterricht Biologie 93, 1–12 (1984).

Nützliche Adressen

Auswertungs- und Informationsdienst für Ernährung, Landwirtschaft und Forsten (AID). Postfach 200153. 5300 Bonn 2.

Bund für Umwelt und Naturschutz Deutschland. Im Rheingarten 7. 5300 Bonn 3.

Bundesminister für Ernährung, Landwirtschaft und Forsten. Rochusstraße 1. 5300 Bonn 1.

Bundesminister für Umwelt, Naturschutz und Reaktorsicherheit. Adenauerallee 141. 5300 Bonn 1.

Deutscher Bund für Vogelschutz (DBV). Am Hofgarten 4. 5300 Bonn 1.

Deutscher Naturschutzring. Bundesverband für Umweltschutz (DNR). Kalkuhlstraße 24, 5300 Bonn 3.

Robin Wood. Postfach 102122. 2800 Bremen 1.

Aktion Ameise. c/o Gunter Steinbach, Irsengund, 8999 Oberreute.

Bundesforschungsanstalt für Naturschutz und Landschaftsökologie. Konstantinallee 110, 5300 Bonn 2.

Stiftung zum Schutze gefährdeter Pflanzen. Kalkuhlstraße 24, 5300 Bonn 3.

Landesanstalt für Ökologie, Landschaftsentwicklung und Forstplanung (LÖLF) Nordrhein-Westfalen, Leibnizstraße 10, 4350 Recklinghausen.

Landesanstalt für Umweltschutz Baden-Württemberg/Institut für Ökologie und Naturschutz. Bannwaldallee 32, 7500 Karlsruhe 21.

Niedersächsisches Landesverwaltungsamt/Fachbehörde für Naturschutz, Richard-Wagner-Straße 22, 3000 Hannover 1.

Landesamt für Naturschutz und Landschaftspflege Schleswig-Holstein. Hansaring 1. 2300 Kiel 14.

Landesamt für Umweltschutz und Gewerbeaufsicht Rheinland-Pfalz. Amtsgerichtsplatz 1, 6504 Oppenheim.

Landesamt für Umweltschutz, Naturschutz und Wasserwirtschaft des Saarlandes. Don-Bosco-Str. 1, 6600 Saarbrücken 6.

Hessische Landesanstalt für Umwelt. Unter den Eichen 7. 6200 Wiesbaden.

Bayerisches Landesamt für Umweltschutz. Rosenkavalierplatz 3, 8000 München 81.

Umweltbundesamt. Bismarckplatz 1. 1000 Berlin 33.

Umweltstiftung WWF Deutschland. Sophienstraße 44, 6000 Frankfurt 90.

Österreichischer Naturschutzbund (ÖNB). Arenbergstraße 10. A-5020 Salzburg.

Schweizerischer Bund für Naturschutz (SBN). Postfach 73, CH-4020 Basel.

Register